Quem levanta seu astral quando …
e precisa de companhia?

Em quem você confiaria se precisa…
importante segredo? Quem realmente levaria seu segredo para o túmulo?

Quem lhe dá conselhos quando você está enfrentando problemas com um colega no trabalho?

Qual é a primeira pessoa para quem você liga quando quer sair, relaxar e se divertir?

Quem vai se sentar e ouvir cada palavra que você disser quando tiver uma história para contar?

Quem o empurra para a frente e o incentiva a alcançar melhores resultados?

Quem parece sempre adivinhar a próxima coisa que você vai dizer – antes mesmo de você abrir a boca?

Quem ficaria do seu lado no trabalho se seu emprego estivesse em risco?

Q… fala para todo mundo como você é maravilhoso?

…us ***Amigos Vitais****?*

Tom Rath

O PODER DA AMIZADE

SEXTANTE

tradução
Fabiano Morais
preparo de originais
Virginie Leite
revisão
Sérgio Bellinello Soares
Tereza da Rocha
projeto gráfico e diagramação
Valéria Teixeira
capa
Miriam Lerner
fotolitos
R R Donnelley
impressão e acabamento
Geográfica e Editora Ltda.

CIP-BRASIL. CATALOGAÇÃO-NA-FONTE
SINDICATO NACIONAL DOS EDITORES DE LIVROS, RJ

R183p Rath, Tom, 1975-
O poder da amizade / Tom Rath; tradução de Fabiano Morais da Costa. – Rio de Janeiro: Sextante, 2006.

Tradução de: Vital friends

Apêndices

Inclui bibliografia

ISBN 85-7542-261-8

1. Amizade. 2. Amizade – Avaliação. 3. Relações humanas. 4. Qualidade de vida no trabalho. I. Título.

CDD 177.6
06-3926 CDU 177.63

GMT Editores Ltda.
Rua Voluntários da Pátria, 45 – Gr. 1.404 – Botafogo
22270-000 – Rio de Janeiro – RJ
Tel.: (21) 2286-9944 – Fax: (21) 2286-9244
E-mail: atendimento@esextante.com.br
www.sextante.com.br

– para Ashley,

minha Energizadora

para todo o sempre

SUMÁRIO

FALTA ALGUMA COISA

A energia *entre* duas pessoas é o que gera grandes casamentos, famílias, equipes e organizações.

Porém, quando pensamos conscientemente em melhorar nossas vidas, colocamos quase todo o nosso esforço no *auto*-aperfeiçoamento.

Recordando minha educação formal, vejo que ela se apoiou quase por completo no domínio de um assunto ou na construção da *minha* base de conhecimento. No ensino fundamental, aprendi a ler, multiplicar e escrever, além de me esforçar para me tornar fluente numa língua estrangeira. No ensino médio e na faculdade, tive a oportunidade de me concentrar em áreas ainda mais específicas que eram do *meu* interesse. No decorrer de toda a minha vida profissional, participei de inúmeros programas de treinamento que tinham o objetivo de *me* tornar mais produtivo.

Até mesmo quando me dediquei ao desenvolvimento de outras pessoas, minha atenção estava voltada para o *auto*-aperfeiçoamento delas.

Eu tinha entendido tudo errado. O potencial estava escondido *dentro* de cada relacionamento da minha vida.

– Tom Rath

PARTE UM

AMIGOS NA VIDA

capítulo 1

QUEM ACREDITA EM VOCÊ?

"Como você foi parar na rua?"

Roger, um homem grande e corpulento, ficou calado e olhou para mim, um entrevistador nervoso e magricela com óculos de armação metálica. Pensou alguns minutos sobre a pergunta que eu tinha acabado de fazer, as palavras ecoando em sua cabeça enquanto buscava uma resposta. Sentado numa cadeira diante dele, a um metro de distância, eu esperava ansiosamente.

Roger coçou a cabeça e me pegou olhando para sua mão. A pele grossa e dura havia claramente resistido às intempéries das duas décadas que ele passou nas ruas. As unhas estavam cobertas de sujeira e seus olhos fundos revelavam um vazio que eu já notara antes mesmo de fazer a primeira pergunta. Ele descreveu a ótima vida que tivera no passado. Havia crescido em um lar maravilhoso, casou-se logo depois de terminar a faculdade, conseguiu um emprego em uma respeitável empresa de engenharia mecânica, comprou uma casa e dois carros e aos 30 anos tinha três filhos. Para minha surpresa, Roger vivera uma vida muito "normal".

Então ele me explicou o que tinha acontecido muitos anos atrás para mudar tudo aquilo. Contou como sua frustração no emprego crescia a cada dia. Seu único companheiro de verdade no trabalho, Jimmy, foi despedido. Com exceção da esposa, Jimmy era o melhor amigo de Roger. Freqüentavam o mesmo clube, viajavam juntos nas férias e suas famílias eram muito próximas. As salas de Roger e Jimmy eram coladas uma na outra e eles conversavam todos os dias – não só sobre assuntos profissionais, mas pessoais também. A amizade deles servia de motivação para seguirem em frente num emprego que, de outra forma, seria horrível. Depois da demissão de Jimmy, Roger mal conseguia sair de casa para trabalhar.

Durante oito anos, Roger e Jimmy foram obrigados a tolerar o mesmo chefe, Mike, um homem hostil que não perdia uma oportunidade de jogar na cara dos funcionários que estava acima deles. Mike humilhava Roger, Jimmy e outros membros da equipe o tempo todo. À medida que Roger falava de Mike, dava para perceber que ele era um daqueles gerentes cuja conduta ríspida causa danos que vão muito além do expediente de trabalho. Ao recontar as histórias do ex-chefe, suas feições se contraíam e o lábio inferior se erguia, fazendo uma carranca. Ele parecia ferver de ódio.

Com a saída de Jimmy, Roger se viu às voltas com o chefe e alguns engenheiros que não falavam muito – e que agüentavam os abusos de Mike em um silêncio estóico. Os colegas de trabalho raramente se socializavam no escritório. Todos estavam apenas fazendo hora, loucos para ir embora no fim do dia.

Assim que o expediente acabava, Roger só queria relaxar e esquecer seus problemas. Então começou a beber. No começo, ele parava no bar da esquina uma ou duas noites por semana. Logo aquilo se tornou cinco ou seis noites de bebedeira. A família se esforçou para reverter aquela espiral descendente, mas ele começou a se autodestruir.

Quando Roger descreveu todas as tentativas que sua mulher fez para ajudá-lo, pude sentir a dor na sua voz. Ele não conseguia chamá-la pelo nome durante a entrevista nem tampouco falou o nome dos filhos. Aos 32 anos, Roger tinha perdido o emprego, a mulher e as crianças. Mudara-se para um apartamento pequeno. Por seis meses, sua mãe pagou o aluguel e tentou desesperadamente fazê-lo se reerguer. Roger insistiu em afastá-la. Como os demais, ela acabou se decepcionando e desistindo dele.

Sem meios para se sustentar, Roger foi obrigado a morar em seu carro. Um dia, voltou da sua jornada diária mendigando comida e descobriu que até mesmo aquele lar precário tinha sumido. A polícia apreendera o carro por conta de impostos atrasados e multas não pagas. Ele estava oficialmente sem teto pela primeira vez na vida.

Ele recontou essa última parte da história em um tom seco, trivial. Pude notar que os verdadeiros pontos de virada – os momentos que marcaram sua memória por 20 anos – foram as últimas conversas com os amigos e entes queridos. Uma vez que os relacionamentos se acabaram, nada mais importava.

Quando Roger concluiu sua longa resposta, percebeu que a entrevista estava terminando. Porém, eu tinha uma última pergunta:

"Quem acredita em você?"

Ele ficou calado por um instante, respirou fundo e disse: "Acho que mais ninguém."

Projeto recuperação

Em 1991 fui convidado para trabalhar em uma pesquisa especial sobre os sem-teto. O objetivo do projeto era ajudar abrigos e centros missionários a desenvolver programas melhores para os necessitados. Minha tarefa, em parceria com vários outros pesquisadores, era conduzir uma série de entrevistas. De posse de nossas perguntas e nossos gravadores, visitamos abrigos, obras missionárias e locais onde os carentes se reuniam. Durante quatro meses, entrevistamos centenas de homens e mulheres nos Estados Unidos. Nossa meta era responder a uma importante pergunta:

Por que algumas pessoas saem da condição de sem-teto e se recuperam, enquanto outras não?

Para encontrar a resposta, começamos entrevistando alguns

sem-teto que não estavam no caminho da recuperação (de acordo com especialistas em cada uma das comunidades). Minha suspeita inicial, possivelmente baseada em estereótipos antiqüíssimos, era que a maior parte dos homens e mulheres sem teto estava naquela situação por conta de alcoolismo ou abuso de drogas. Então fazíamos várias perguntas desenvolvidas para revelar esses tipos de dependências. Obviamente, muitas das pessoas que entrevistei tinham vícios graves e algumas sofriam de sérios distúrbios mentais.

Porém, ouvindo com atenção as histórias, ficou claro para mim que alcoolismo ou dependência química eram mais um sintoma do que a raiz do problema. Na maioria dos casos, a relação com a garrafa ou com a agulha era causada pelo colapso de um relacionamento íntimo com um amigo ou um ente querido. Os homens e mulheres que continuavam na condição de sem-teto por décadas tinham algo em comum: a ausência de amizades saudáveis. Eles eram mais carentes de amizade do que de qualquer outra coisa – a falta de um lar era apenas a parte mais óbvia e visível das dificuldades que enfrentavam. Essa não é de forma alguma a única razão que leva as pessoas a ir parar nas ruas, mas era um tema comum naquelas entrevistas.

Depois de estudar por que as pessoas ficavam sem um lar, voltamos nossa atenção para aqueles que saíram da rua e se recuperaram. Queríamos descobrir o que possibilitava às pessoas superar a condição de sem-teto. Para tanto, contatamos diretores de instituições missionárias e abrigos e perguntamos se eles sabiam de homens e mulheres que já tinham morado nas ruas em algum momento mas agora estavam empregados, vivendo por conta própria e, de um modo geral, bem de vida.

Rastrear as pessoas desse grupo se mostrou um verdadeiro desafio. Era difícil encontrá-las e algumas delas tinham agendas muito cheias. Marcamos, uma a uma, entrevistas por telefone. Então fizemos uma série de perguntas para identificar homens e mulheres que tinham se recuperado de fato. Uma mulher que chamarei de Maggie foi uma das pessoas com quem falei nesse grupo em recuperação.

Maggie nunca teve muitas oportunidades na vida. Não conhecia o pai biológico e nem mesmo tinha certeza se a mãe sabia quem ele era. Quando Maggie era jovem, sua mãe pulava de um relacionamento abusivo para outro. Cada homem que entrava na casa dela parecia tornar as coisas piores. E a mãe, que Maggie via como uma mulher terrivelmente carente, passou a vida fazendo tudo para agradar os parceiros, mesmo quando isso significava ignorar os danos que eles infligiam à filha.

A maioria dos homens apenas tratava Maggie com grosseria ou a ignorava. Pelos menos dois batiam nela. E então, quando Maggie tinha 16 anos, o "Padrasto n.º 4" passou dos limites. Um dia ele a imprensou num canto escuro, enlaçou seu corpo pequeno com os "braços flácidos e tatuados" e tentou beijá-la. Ela conseguiu escapar, correu até a mãe e contou o que tinha acontecido, ainda abalada pelo incidente. Como deveria ter imaginado, a mãe não quis acreditar nela. Ficou do lado do seu homem e não da filha. Essa foi a última vez que Maggie falou com a mãe.

Nos seis anos seguintes, a jovem se virou sozinha. A princípio, ficou com uma colega da escola, depois foi para um centro para adolescentes que fugiram de casa. Às vezes, dormia na rua. Para ela, a vida nas ruas era melhor do que morar com sua "mãe de mentira" e conviver com o abuso dentro de casa.

Durante esse tempo, Maggie freqüentou o DayHouse, um abrigo para sem-teto. O DayHouse sempre contou com voluntários, geralmente jovens determinados a mudar o mundo que acabam servindo purê de batata para pessoas que preferem ficar caladas. Uma das voluntárias, Jessica, se interessou pelo caso de Maggie.

Toda sexta, quando trabalhava no abrigo, Jessica tentava travar conversa com Maggie. No começo, Maggie se mostrou cética e não falou muito. Achava que aquela universitária baixinha, atarracada e simpática só estava ali para incrementar o currículo, agradar os pais ou cumprir créditos escolares. Porém, Jessica era persistente e Maggie começou a notar que sua simpatia era genuína.

Nos 18 meses que se seguiram, Jessica continuou visitando Maggie, mesmo depois que seu período formal como voluntária tinha terminado. Havia dias em que elas simplesmente passavam um tempo juntas e conversavam. Outras vezes, a universitária chegava cheia de idéias para ajudar Maggie a arranjar um trabalho e fazia entrevistas de emprego de mentira para prepará-la. Quando a jovem sem-teto conseguiu uma entrevista de verdade, Jessica insistiu em levá-la às compras para que ela tivesse algo bonito para vestir.

Relembrando a primeira vez que as duas saíram juntas, Maggie ficou emocionada ao descrever o que aconteceu quando encontraram uma colega de Jessica em uma loja de departamentos. Depois das habituais trocas de gentilezas, Jessica falou: "Esta é a minha amiga Maggie." Essas palavras não só ficaram para sempre gravadas na mente de Maggie, como também lhe deram ainda mais motivação.

Acabou levando quase dois anos até que Maggie arranjasse um emprego, mas, com a ajuda da amiga, ela conseguiu. Começou como recepcionista em uma firma de contabilidade, aprendeu rápido e em pouco tempo tinha dinheiro suficiente para alugar um apartamento. Alguns anos depois, Maggie conseguiu um diploma e se tornou auditora. Ela admite que talvez não fosse extrovertida e sociável como Jessica, mas tinha facilidade com números e gostava do seu emprego. Adorava o trabalho analítico e estava em vias de se tornar extremamente bem-sucedida.

Quando liguei para fazer a entrevista por telefone com Maggie, havia 10 anos que ela começara no seu primeiro emprego naquela firma de contabilidade. Ela contou como tinha encontrado uma profissão que amava – e trabalhava duro para provar que merecia aquilo. Maggie sabia que as pessoas estavam de olho nela, dada a sua excepcional história de superação, e tinham grandes expectativas. Isso a impulsionou a ir além. Na época da nossa entrevista, Maggie era executiva em uma grande empresa de serviços financeiros e ganhava um belo salário.

E, mais importante do que isso, estava muito feliz com sua vida e começara uma família. Tinha um marido que a amava, uma filha de dois anos e um filho recém-nascido. E o círculo de amizades dela aumentava a cada dia.

Quando perguntei a ela "*Quem acredita em você?*", sua resposta, como a de Roger, foi direto ao ponto: "Jessica."

capítulo 2

A ENERGIA *ENTRE* AS PESSOAS

Como as diferentes histórias de Roger e Maggie demonstram, a amizade é uma das necessidades humanas mais básicas. O fato é que somos biologicamente predispostos a essa necessidade de relacionamentos, e o meio em que vivemos acentua isso todos os dias. Sem amigos, é muito difícil seguir em frente, quanto mais prosperar.

É por isso que é preocupante ver que a grande maioria dos estudos humanos concentra-se em indivíduos ou em grupos, e não em relacionamentos específicos:

- A maioria dos psicólogos se concentra em indivíduos.
- Sociólogos tendem a estudar grupos.
- Antropólogos estudam principalmente nossas raízes.

Campos mais novos orientados para a aplicação prática, como desenvolvimento organizacional, vêem indivíduos, equipes de profissionais e companhias como unidades básicas de estudo. O estudo das redes sociais se concentra nas inter-relações dentro de um grupo, mas não dedica a mesma quantidade de tempo às minúcias de um relacionamento entre duas pessoas.

Centenas de livros e programas de aperfeiçoamento profissional exploram a liderança, o gerenciamento e o crescimento pessoal. A maioria das pessoas já fez um curso de aperfeiçoamento individual ou de equipe; porém, de acordo com uma enquete recente, poucas participaram de um programa para melhorar relacionamentos específicos.

Estamos nos concentrando demais no *eu?*

As amizades acrescentam um valor significativo a nossos casamentos, famílias, trabalhos e vidas. Em algum nível, tudo o que vemos e sentimos é produto de um relacionamento pessoal. Olhe ao seu redor e veja se consegue identificar uma só coisa criada em total isolamento. Se refletir sobre isso por alguns instantes, talvez você note como somos dependentes dos nossos vínculos com outras pessoas. Tire os relacionamentos da equação e todo o resto desaparece.

Porém, quando pensamos conscientemente em melhorar nossas vidas, damos um foco interno ao nosso desenvolvimento. Nós nos empenhamos para ser seres humanos melhores. Tentamos nos tornar profissionais melhores. Mesmo quando paramos de pensar em nós mesmos e nos concentramos em aperfeiçoar outra pessoa, como bons pais e grandes gerentes fazem tão bem, damos mais ênfase ao outro como *indivíduo*. Simplesmente ignoramos o relacionamento em si.

O resultado é que milhões de pessoas estão completamente desengajadas dos seus casamentos e de outras amizades íntimas. Por que isso acontece? Talvez essa situação tenha se desenvolvido a partir do ambiente que favorece o "foco no eu". A maioria dos cursos, programas de desenvolvimento pessoal e livros destaca como aperfeiçoar *a si mesmo*. As aulas no ensino fundamental são para aprimorar a *sua* habilidade de ler, escrever, somar e diminuir. Então, à medida que progride no sistema educacional, você tem a oportunidade de passar mais tempo educando *a si mesmo* nas áreas que *você* escolheu. Quando entra no mercado de trabalho, pode ter a chance de aumentar a *sua* base de conhecimento participando de programas de treinamento e aperfeiçoamento feitos para transformar você em um melhor funcionário *individualmente.*

Educar a si mesmo é a base dos nossos sistemas de ensino, e não há dúvida de que esse esforço é válido. Porém, não seria a hora de acrescentar um novo elemento? Você já fez algum curso de amizades? Será que um estudante do ensino fundamental ou do ensino médio, um calouro na universidade, o seu chefe ou você mesmo não sairiam ganhando se dedicassem algum tempo a essa busca? Uma vez que já fizemos um investimento considerável no auto-aperfeiçoamento, será que a mágica – nossa oportunidade para o crescimento pessoal e profissional imediato – não estaria no desenvolvimento das nossas amizades?

Talvez se concentrar no *indivíduo* seja uma abordagem muito estreita – e focalizar o *grupo inteiro* seja uma abordagem muito ampla. A verdadeira energia ocorre em cada vínculo *entre duas pessoas*, que pode gerar lucros exponenciais.

Um desafio monumental

Na década de 1940, o relacionamento de dois gigantes históricos mudou o mundo para sempre. Embora o presidente dos Estados Unidos Franklin Roosevelt e o primeiro-ministro britânico Winston Churchill tivessem se conhecido anos atrás, o vínculo entre os dois se intensificou rapidamente no fim de 1942, depois da entrada dos Estados Unidos na Segunda Guerra Mundial. Enquanto suas respectivas nações se uniam na batalha, Roosevelt e Churchill passaram vários dias juntos em Washington, D.C. Durante esse tempo, conforme Jon Meacham descreve de forma eloqüente em seu livro *Franklin e Winston: a intimidade de uma amizade histórica*, eles ficavam acordados até as duas da manhã tomando drinques, fumando charutos e discutindo sobre a guerra, política interna e suas famílias. Passaram a se conhecer com um profundo grau de intimidade.

Isso possibilitou uma amizade de que o mundo precisava desesperadamente no começo de 1943.

No auge da guerra, Roosevelt e Churchill se reuniam em lugares afastados. Durante um desses retiros, foram juntos de carro de Casablanca a Marrakesh – chegando até a parar no caminho para um piquenique. Quando Roosevelt estava partindo de Marrakesh, Churchill falou para um assistente que preferia não saber quando o avião iria decolar (era o primeiro vôo transatlântico de um presidente americano). Ele disse: "Estou muito nervoso. Não vou suportar se algo acontecer a esse homem. Ele é o amigo mais leal; tem a visão mais avançada; é o homem mais notável que já conheci."

Como qualquer amizade, a deles não era um mar de rosas. Roosevelt e Churchill sabiam dos pontos fortes e fracos um do outro e, às vezes, trocavam comentários bastante ríspidos e se criticavam. Porém, no geral, era claro que existia um laço forte – que se estendia para além do palco do mundo. Em um tom sentimental, Churchill escreveu para Roosevelt dizendo: "Nossa amizade é a pedra que uso como base para construir o futuro do mundo, enquanto eu ainda for um dos seus construtores."

Durante a Segunda Guerra, Roosevelt e Churchill trocaram quase duas mil cartas; passaram mais de 100 dias juntos e comemoraram o Dia de Ação de Graças, o Natal e o Ano-Novo na companhia um do outro. Mais importante do que isso, talvez, foi que, em meados de 1944, um produto desse relacionamento, a coalizão aliada, estava claramente vencendo a guerra. Aquelas duas potências mundiais e seus respectivos líderes estiveram presentes para se ajudarem mutuamente em tempos de necessidade desesperadora e estavam em vias de triunfar.

Em 1945, com a guerra se aproximando do fim e a vitória ao alcance da mão, um Roosevelt adoentado vislumbrou o futuro. Em 11 de abril, um dia antes de sua morte, ele se sentou na varanda de sua casa de veraneio em Warm Springs, na Geórgia.

Enquanto escrevia um discurso para o Jefferson Day,* o presidente contemplou o próximo grande desafio da sociedade.

Roosevelt já havia superado a paralisia e tirado os Estados Unidos da Grande Depressão. Agora, os aliados estavam prestes a vencer a Segunda Guerra. Naquele instante, nas suas últimas 24 horas de vida, ele voltou os olhos para o futuro. Diante do esfacelamento de muros antigos mundo afora e do combate à discriminação no seu próprio país, o presidente – talvez inspirado em parte pelo seu laço íntimo com Churchill – viu um padrão se formar, algo que poderia reconciliar as pessoas em todo o mundo. Roosevelt não viveria para fazer aquele discurso, mas suas palavras ofereceram um desafio para as gerações vindouras:

"Hoje estamos diante do fato preeminente de que, para que a civilização sobreviva, precisamos cultivar a ciência das relações humanas."

* No dia 13 de abril comemora-se nos Estados Unidos o aniversário de nascimento de Thomas Jefferson, terceiro presidente dos EUA e principal autor da Declaração de Independência Americana. (N. do T.)

capítulo 3

MELHOR DO QUE PROZAC?

Ler as palavras proféticas de Franklin Roosevelt me fez pensar: o que será que aprendemos sobre a *ciência* dos relacionamentos desde a morte dele em 1945? Depois de consultar um grande número de pesquisas sobre o assunto, descobri que evoluímos muito nessa área.

Para começo de conversa, os cientistas descobriram que os amigos são responsáveis por muitos dos bons momentos que vivemos todo santo dia – na verdade, são catalisadores de pontos altos no nosso cotidiano. Constataram que mesmo os engarrafamentos e as conduções lotadas no caminho de casa para o trabalho se tornam toleráveis na companhia de um amigo. A presença de um amigo pode tornar as mais tediosas atividades prazerosas. E talvez o mais importante seja que relacionamentos sociais fortes são *o* maior indicativo da nossa felicidade geral. Essas descobertas parecem válidas em vários países e culturas.

> **Uma queda rápida**
>
> *Durante a adolescência, passamos quase um terço do nosso tempo com amigos. No restante da vida, o tempo médio que passamos com eles é inferior a 10%.*

Os cientistas também estão revelando como as amizades moldam nossos desejos, expectativas e metas para o futuro. Um estudo de 2003 mostrou o efeito poderoso que os relacionamentos íntimos têm no nosso comportamento – mesmo quando a outra pessoa não está presente. Parece que relacionamentos mais chegados podem influenciar crenças por décadas.

No intuito de examinar até que ponto as amizades afetam nossas crenças mais arraigadas, como a preferência religiosa, entrevistei mais de mil pessoas. Para minha surpresa, cerca de 20% disseram que sua atual religião tinha sido escolhida, basicamente, por "conta própria". Porém, mais adiante na pesquisa, perguntei ao mesmo grupo sobre a religião de seus pais e seus melhores amigos e descobri que menos de 2% possuem preferências religiosas diferentes daquelas do melhor amigo ou dos pais. Embora pensemos que nossas escolhas são bastante independentes, quando remontamos às origens de nossas principais crenças, muitas vezes constatamos que a fonte é um relacionamento próximo.

Você é a pessoa com quem você come

Minha colega Rebecca descreveu como seus relacionamentos afetavam sua dieta e sua saúde física. Quando começou a sair com um ex-lutador profissional, seus padrões alimentares se adaptaram à "dieta radical" dele. Tendo sido lutador a vida inteira, ele estava habituado a se empanturrar de pizza, sanduíche e milk-shake – e então ficar sem comer dois dias seguidos para perder peso. Rebecca contou que "comia as mesmas porcarias que ele", mas depois voltava para seus hábitos alimentares normais durante os jejuns de dois dias dele. Embora o namorado conseguisse manter um peso normal com essa dieta pouco saudável, Rebecca ganhou quase sete quilos.

– Na época – ela disse –, não cheguei a pensar como ele influenciava a minha dieta.

Por sorte, o relacionamento com o ex-lutador foi curto e, logo em seguida, Rebecca começou a sair com uma pessoa que se preocupava mais com a saúde. No começo, teve dificuldade para voltar à dieta normal, mas acabou se acostumando. Seis meses depois, sentia-se melhor do que nunca, tinha mais energia, fazia exercícios regulares e havia perdido nove quilos.

Depois de ouvir o relato de Rebecca sobre como os relacionamentos dela influenciavam sua alimentação, quis saber se isso era comum. Então pedi que um grupo de 104 colegas respondesse a um questionário curto sobre como era a dieta deles e a dos seus melhores amigos. Descobri que as duas estavam ainda mais relacionadas do que eu desconfiava. Os que declararam conviver com um grande amigo cuja alimentação era "bastante saudável" tinham uma chance mais de cinco vezes maior de seguir uma dieta bastante saudável também, se comparados àqueles cujos melhores amigos tinham uma dieta normal.

Quando fiz uma pergunta semelhante sobre "o nível de atividade física do seu melhor amigo", os resultados foram igualmente surpreendentes. Na verdade, das 104 pessoas entrevistadas, *nenhuma* das que declararam que o amigo era sedentário se exercitava regularmente. Alguns meses depois, fizemos a um grupo aleatório de 1.005 pessoas as mesmas perguntas sobre dieta e exercício. Tivemos resultados parecidos. Mesmo quando as conclusões levam em conta outras variáveis, parece que o melhor amigo tem um peso maior na definição da sua boa forma do que você imagina.

Moldando a sua cintura?

Se o seu melhor amigo segue uma dieta bastante saudável, você tem cinco vezes mais chance de também se alimentar de maneira bastante saudável.

Prescrição: amizade

Estudos têm demonstrado que, além de melhorar nossa saúde e aumentar nossa satisfação com a vida, os amigos exercem um papel importante durante os períodos de estresse. Eles servem essencialmente de amortecedores quando enfrentamos obstáculos e desafios, o que melhora nosso desempenho cardiovascular e nossa capacidade de recuperação e diminui os níveis de estresse. Quando acontece uma tragédia, um amigo íntimo se torna nosso conforto e refúgio.

Em um estudo de 2001, pesquisadores do Centro Médico da Universidade de Duke exploraram mais a fundo o efeito protetor das amizades por meio da observação de pacientes com doenças cardíacas. Eles já haviam descoberto que pessoas com menos de quatro amigos, consideradas "solitárias", estavam em grande desvantagem: tinham *mais do que o dobro de chance de morrer* de doenças cardíacas num período de quatro anos. Porém, os cientistas queriam saber o porquê disso. Suspeitavam que diversos fatores psicológicos e do meio ambiente levavam ao aumento do risco: estresse, condição social, renda, tabagismo, hostilidade ou simplesmente a gravidade da doença cardíaca inicial do paciente.

Para surpresa da equipe de pesquisa, uma análise estatística de 430 pacientes revelou que *nenhum* desses fatores era responsável pela taxa de mortalidade mais elevada entre pacientes classificados como solitários. Mesmo quando todos os fatores citados acima estavam sob controle, a equipe descobriu que ter pelo menos quatro amigos ajudava as pessoas a viver consideravelmente mais.

Quanto mais amigos melhor? Não necessariamente. As pessoas nessa pesquisa que tinham cinco, seis, sete ou oito amigos receberam o mesmo benefício de sobrevida, se comparadas àquelas com quatro amigos. Ao que parece, ter pelo menos quatro amigos oferece o máximo de efeito protetor.

Resumindo a mais recente pesquisa da Universidade de Duke e a nossa, concluímos que não precisamos ter um *universo* de amigos extraordinariamente amplo; a *qualidade* das nossas amizades parece ser o mais importante. Cada pessoa precisa de algumas amizades profundas para prosperar. Como você deve imaginar, pessoas solitárias sofrem psicológica e fisicamente. A falta de amizades de alta qualidade é ruim para a saúde, o ânimo, a produtividade e a longevidade de todos nós.

"A amizade tem um efeito profundo no nosso bem-estar físico", escreveu Eugene Kennedy, Ph.D., professor de psicologia da Universidade Loyola, em Chicago. "Bons relacionamentos melhoram a saúde e curam depressões. Você não precisa de remédios ou de tratamento médico para conseguir isso – só de amigos."

capítulo 4

O FIO DE ESPERANÇA NO CASAMENTO

"Não é a falta de amor, mas a falta de amizade que torna os casamentos infelizes."
– Friedrich Nietzsche

Seria difícil falar de amizades sem tratar do relacionamento íntimo e amoroso com o cônjuge ou uma pessoa especial, o que, em muitos casos, é *a* amizade mais importante da vida de um indivíduo. O tópico do casamento também é pertinente porque, quer você queira ou não, a satisfação conjugal – ou a falta dela – afeta o trabalho e todas as outras áreas da vida. Uma boa relação com o parceiro não só leva à felicidade, de acordo com as nossas descobertas, mas também ao compromisso no trabalho. E, se você for casado, a sua satisfação com a vida depende literalmente da felicidade do seu marido ou da sua esposa. Em qualquer relacionamento muito próximo, a felicidade ou a tristeza de uma pessoa contamina a outra muito depressa.

O economista britânico Nick Powdthavee, que desenvolveu fórmulas complexas para quantificar o valor de relacionamentos conjugais, descobriu que um aumento de 30% na felicidade do seu parceiro pode ter um efeito tremendo na sua vida. Powdthavee estima que esse aumento pode compensar totalmente o desgaste emocional de perder o emprego ou passar dois meses no hospital, por exemplo.

Por outro lado, ficou provado que a negatividade em um casamento causa problemas de saúde. Na verdade, um estudo de 2005 revelou como discórdias conjugais podem atrasar a cura de lesões físicas. Um grupo de pesquisadores da Universidade do Estado de Ohio recrutou 42 casais para estudar o impacto das discussões e do estresse em suas vidas. No hospital universitário, os pesquisadores criaram oito pequenas bolhas em seus braços e colocaram dispositivos sobre as feridas para medir o processo de cura. Os casais também preencheram questionários e cederam amostras de sangue para análise.

O professor Jan Kiecolt-Glaser, um dos coordenadores da pesquisa, chegou à seguinte conclusão: "As feridas nos casais hostis se curaram à razão de apenas 60%, em comparação com as dos casais que consideramos ter baixos níveis de hostilidade." Ou seja, um casamento infeliz pode praticamente *dobrar* o tempo que você leva para se curar de uma lesão. Além disso, as amostras de sangue dos casais mais hostis continham um nível uma vez e meia maior de interleucina-6 (IL-6), comparadas às amostras dos casais menos hostis. Níveis elevados constantes dessa proteína na corrente sangüínea estão relacionados a um maior risco de complicações cardiovasculares, osteoporose, artrite, diabetes tipo 2, mal de Alzheimer e certos tipos de câncer, entre outras doenças, de acordo com os pesquisadores. Parece que ter um casamento feliz influencia profundamente a sua saúde física a longo prazo, ajudando desde a curar uma bolha até evitar o câncer.

Concentrando-se no que é certo

Infelizmente, as atuais taxas de divórcio sugerem que muitos casamentos estão atolados em uma negatividade pouco saudável. Você provavelmente já viu esta alarmante estatística antes: quase metade dos casamentos acaba em divórcio. O que exatamente leva os casais a se separarem, em vez de ficarem juntos? De acordo com o Dr. John Gottman, um dos principais pesquisadores de casamentos do mundo, o fator determinante é a *qualidade da amizade do casal.* De fato, uma pesquisa do Gallup indica que a qualidade da amizade de um casal pode ser responsável por 70% da satisfação conjugal.

Sexo ou amizade?

O que leva à satisfação conjugal?
"A qualidade da amizade de um casal" é cinco vezes mais importante do que a "intimidade física".

Ao contrário de outros acadêmicos que preferem ficar no laboratório, Gottman conduziu uma boa quantidade de pesquisa de campo para ajudar no aperfeiçoamento de técnicas de terapias conjugais, na esperança de diminuir as taxas de divórcio. Seus workshops com centenas de casais – em especial aqueles com alto risco de se separarem – mostraram-se duas vezes mais eficientes do que a terapia conjugal convencional.

O que Gottman faz de diferente? "Meu programa está centrado numa verdade simples: casamentos felizes baseiam-se em uma amizade profunda", diz ele. O pesquisador ajuda os casais a se concentrarem nas pequenas e cotidianas interações que constroem uma amizade genuína e duradoura. Ele os aconselha a fazer perguntas sobre o dia-a-dia do parceiro, a ajudar com gestos simples mas significativos – como lavar a roupa ou fazer a comida – e tentar transformar o mais breve contato numa lembrança positiva. É isso o que alimenta o romance e oferece proteção contra situações adversas.

Se é assim tão simples, por que tantos terapeutas conjugais fracassam? "Como muitos especialistas antes de mim, eu estava equivocado. Não fui capaz de desvendar o código para salvar casamentos até começar a analisar o que estava *certo* nas uniões felizes", explica Gottman. Ele descobriu que a maioria dos casais briga, mas o que diferencia os casais felizes dos outros é a maneira como eles se relacionam quando *não* estão brigando. Pelo que também observei na minha pesquisa, isso é verdadeiro para quase todo relacionamento. Julgar uma relação com base em seus pontos fracos seria um erro. O melhor termômetro para a saúde de uma amizade é a felicidade de cada uma das partes durante as interações cotidianas.

capítulo 5

EXPECTATIVAS EXAGERADAS

Nos primeiros meses do casamento, Judy achou que sua relação com Tim estava no caminho certo. Os dois tinham bons empregos, uma bela casa em Chicago e a certeza de que a união duraria para sempre. Os amigos os viam como "o casal perfeito" e eles pretendiam fazer jus a essa expectativa.

Porém, perto do segundo aniversário de casamento, Judy começou a ter sérias dúvidas se o relacionamento dos dois tinha futuro. Tentou descobrir onde estava o problema, mas sem sucesso. Tim ainda era o mesmo cara atencioso e bonito que ela conhecera quatro anos antes. Amava-o intensamente. E ele não andava fazendo nada de errado. Estava sempre por perto, ajudava nas tarefas domésticas e era excepcionalmente confiável.

Então por que Judy se sentia frustrada com ele nos últimos tempos? Durante o jantar, Tim sempre escutava com atenção o que ela dizia sobre o trabalho. A questão era que, quando ela pedia idéias para um projeto em que estava envolvida ou uma opinião sobre a melhor maneira de lidar com alguém que vinha lhe causando problemas, ele não tinha muito a oferecer. Quando falava sobre voltar a estudar e fazer uma pós-graduação, ele dava apoio, mas não necessariamente a encorajava a enfrentar o novo desafio.

Depois de muito refletir sobre sua relação, Judy percebeu qual era o problema. Durante toda a vida ela dependera do empurrão de outras pessoas. Antes era o pai que a incentivava e nos tempos da faculdade sua melhor amiga, Lynn, assumiu esse papel. Com o casamento, Judy deixou de passar tanto tempo com o pai ou com Lynn, e esperava que Tim preenchesse aquele vácuo. *O que há de errado com ele?*, ressentia-se. Ela sempre estimulava o marido a pensar grande. Na verdade, Judy tinha dado a maior força para ele fazer um treinamento que impulsionaria sua carreira. E, depois de passar, Tim lhe disse que seu apoio havia sido fundamental. Será que ele não tinha a obrigação de incentivá-la também?

Com essa pergunta fresca na cabeça, Judy pensou ter achado a solução para colocar o casamento de volta nos eixos. Bastava conversar com Tim e ajudá-lo a entender o que devia fazer para satisfazer as necessidades dela. Na noite seguinte, quando os dois estavam sentados no sofá bebendo vinho, Judy tocou no assunto. Sem ser agressiva ou acusatória, ela explicou o que estava acontecendo e disse que precisava de mais conselhos e "empurrõezinhos". A princípio Tim ficou um pouco na defensiva, mas então baixou a guarda e resolveu tentar.

Nos meses seguintes, ele fez várias tentativas conscientes de incentivar e impor desafios a sua mulher. No começo parecia que seu esforço iria dar resultado. Judy sabia que o marido estava fazendo o máximo que podia. Porém, depois de um tempo, percebeu que o melhor conselho de Tim equivalia ao pior que sua amiga Lynn poderia lhe oferecer. Por mais que ele tentasse, aquilo não era da sua natureza. Tim era o tipo de pessoa que precisava de um personal trainer para *obrigá-lo* a aparecer na academia. Na cabeça de Judy, as coisas estavam tomando um rumo desalentador. Embora não tivesse falado isso para Tim ou para qualquer outra pessoa, ela vinha se questionando se seu casamento não estava realmente fadado ao fracasso.

O mito da perfeição

Problemas assim acontecem o tempo todo em casamentos e em amizades íntimas. Esperamos que a outra pessoa satisfaça todas as nossas necessidades – que nos impulsione para o sucesso; ouça incondicionalmente; ofereça ajuda em todos os momentos; e, ao mesmo tempo, seja superdivertida. Eu também já fiz isso. Fosse com um bom amigo, com alguém com quem eu estivesse saindo ou com um colega de trabalho, sempre esperava que aquela pessoa fizesse um milhão de coisas para sustentar o lado dela no relacionamento. Mas isso nunca acontecia, e eu acabava me decepcionando.

Talvez eu devesse ter me olhado no espelho. Quando penso nas minhas amizades – do ponto de vista da outra pessoa –, fica claro que não satisfiz muitas das expectativas que alimentei em relação aos meus amigos. Não sou o indivíduo mais paciente do mundo. E, por conta da minha timidez, estou longe de ser a pessoa ideal para expandir o círculo social dos outros. Também não sou o tipo tranqüilo que ajuda as pessoas a relaxarem. Na verdade, assumo o papel de impor desafios e dar conselhos.

Esperamos inúmeras coisas dos nossos amigos. Talvez você tenha tido um pai, um professor ou um gerente que queria que você fosse bom em quase tudo que fizesse. Então sabe como pode ser frustrante não conseguir atender às expectativas, apesar de todo o seu empenho. É pouco provável que uma pessoa seja boa em tudo, de acordo com a nossa pesquisa.

Acontece que a amizade não tem que ser perfeita, completa. Das pessoas que estudamos, 83% disseram que dão contribuições diferentes daquelas que a outra pessoa traz para o relacionamento. É por isso que é tão prejudicial quando um amigo ou parceiro se concentra no que *nós não fazemos*. De acordo com a nossa pesquisa, esse foco negativo:

- aumenta os níveis de estresse;
- reduz a satisfação conjugal;
- diminui o prazer com as amizades de maneira geral.

Conseqüentemente, não devemos esperar que *nenhum* dos nossos amigos seja bom em *tudo*. Essa expectativa exagerada pode envenenar grandes casamentos e amizades.

Recíproco, mas não da mesma maneira

83% das pessoas dão contribuições diferentes daquelas que o melhor amigo traz para o relacionamento.

Uma pessoa *não pode* fazer tudo

Depois de muito sofrimento, Judy entendeu que não podia contar com Tim para encorajá-la, pois isso não era da natureza dele. O melhor a fazer era buscar o apoio de outras pessoas nessa área, como a velha amiga Lynn, que sabia como ninguém estimulá-la a correr atrás das coisas. Judy também se deu conta de que tinha um colega de escritório que era um grande incentivador do seu trabalho, mas ela nunca dedicara muito tempo a essa amizade. Precisava fazer isso.

Assim que Judy parou de exigir que Tim fosse completo, perfeito em tudo, seu casamento começou a voltar aos eixos. Ela passou a ver o marido sob outra perspectiva e a apreciar ainda mais suas qualidades. Tim a conhecia muito bem e adivinhava o que Judy queria antes mesmo de ela pedir. Nunca uma pessoa teve aquele tipo de sintonia com as suas emoções, e isso significava muito para ela. Tim sempre conseguia tornar o ambiente mais leve e divertido. Ele possuía um incrível talento para levantar o astral dos amigos quando eles precisavam.

Um ano depois da crise, Judy mal podia acreditar que pensara em largar o marido. Ele era, e sempre tinha sido, o homem certo para ela. Tim dava grandes contribuições para o casamento: amor, confiança incondicional, humor e muito mais. Judy se sentiu uma tola por ficar presa às poucas coisas que ele *não* trazia para o relacionamento. Pensando em retrospecto, tudo parecia tão óbvio e simples. Depois de Judy passar um ano se concentrando nos pontos positivos de Tim, o casamento deles prosperou.

Judy descobriu a chave para qualquer grande amizade: concentrar-se no que cada amigo *de fato* contribui para a sua vida.

capítulo 6

É POSSÍVEL ENCONTRAR O EQUILÍBRIO ENTRE TRABALHO E VIDA PESSOAL?

"A idéia do equilíbrio é uma ilusão! O principal mito da vida profissional moderna é achar que, fazendo algumas concessões, você pode ter tudo. Mas não é assim, e isso está nos deixando malucos."
– revista *Fast Company*

A situação enfrentada por Tim e Judy acontece todos os dias no trabalho, porém em um nível diferente. Muitos de nós já lidamos com um chefe ou colega que esperava que todos fizessem tudo com perfeição, e sabemos como essas expectativas exageradas podem levar o relacionamento à ruína. Nossa pesquisa mais recente sugere que as relações no escritório e fora dele têm uma poderosa influência mútua, de modo que é importante dar mais atenção às amizades no ambiente de trabalho.

Pense no que acontece quando você está se preparando para sair para o serviço de manhã e alguém na sua casa está de mau humor. O mais provável é que isso também o deixe mal e prejudique suas primeiras interações no trabalho.

Ou digamos que você está se preparando para voltar para casa e seu chefe entra na sala no último minuto. Se ele elogiar seu ótimo desempenho num projeto importante, você se sentirá nas alturas e fechará seu dia com chave de ouro. Conseqüentemente, talvez você se mostre mais aberto e positivo com seus amigos ou sua família ao chegar em casa.

Da mesma maneira, se o seu chefe repreender ou criticar você, isso provavelmente lançará uma nuvem negra sobre seu lar naquela noite. Um colega de trabalho também pode provocar um efeito cascata ao transmitir sua negatividade de uma pessoa para outra, provocando assim estragos de longo alcance.

Anos atrás, meu amigo Mark trabalhou com uma mulher que conseguia acabar com o ânimo dos colegas diariamente. Aquilo, por sua vez, fazia com que Mark reclamasse de "Sara" várias vezes por semana, o que era frustrante para mim. Durante vários meses, aquela mulher que eu nunca vira na vida estava fazendo mais para diminuir minha felicidade do que qualquer outra pessoa do meu convívio. E aquilo não era uma exceção; aparentemente, diversas pessoas do trabalho de Mark estavam enfrentando problemas em casa e pensando em pedir demissão por causa de Sara. Um marido irritado chegou ao ponto de ligar para Sara e lhe dizer que deixasse sua mulher em paz. Ele temia que o estresse provocado pela colega de trabalho colocasse em risco a gravidez da esposa. Infelizmente, o chefe de Sara continuou subestimando o impacto daquela negatividade e meu amigo Mark, junto com várias outras pessoas, acabou saindo da empresa pouco tempo depois.

Um estudo recente revelou que os funcionários realmente levam um estado de espírito negativo para casa. "As fronteiras entre trabalho e família são bastante permeáveis e isso prova que as pessoas tendem a levar o trabalho para dentro de casa", diz Tim Judge, renomado professor de gerenciamento e coordenador dessa pesquisa. Judge descreve como os empregadores "contribuem para uma atitude mental positiva tanto no trabalho quanto na vida familiar pela maneira como tratam os funcionários".

Todos falam da necessidade do equilíbrio trabalho/vida, mas talvez não seja tão fácil separar os dois. Sua vida pessoal não pára quando você chega ao trabalho – e você não deixa de remoer os problemas profissionais quando vai para casa à noite. Na verdade, mesmo que não pense em trabalho à noite ou nos fins de semana, isso não significa necessariamente que você alcançou o ilusório equilíbrio trabalho/vida. É mais provável que seja uma indicação de que você não se importa nem um pouco com seu atual emprego.

Equilibrar seu tempo é uma coisa, mas tentar criar um equilíbrio entre relacionamentos e emoções é outra muito diferente. Os dados que examinei revelam um mundo de amizades que não se sujeita ao credo do equilíbrio trabalho/vida. As fronteiras emocionais entre trabalho e vida pessoal são difíceis de definir, e talvez isso seja bom. Se você detesta ir para casa depois do expediente, as coisas estão claramente desequilibradas e talvez seja necessário avaliar o que há de errado com seus relacionamentos pessoais – e vice-versa.

Talvez o equilíbrio esteja em ter grandes amizades tanto no trabalho quanto na vida pessoal. É claro que isso é mais fácil de falar do que de fazer. Embora passemos no trabalho mais da metade do tempo que ficamos acordados, a maioria das empresas tem feito muito pouco para estimular amizades no serviço. Algumas chegam ao extremo de proibir relacionamentos íntimos, o que pode ser um erro catastrófico.

PARTE DOIS

AMIGOS NO TRABALHO

capítulo 7

A FRONTEIRA DOS TRÊS AMIGOS

Estas são as opiniões das pessoas que entrevistei sobre amizades no trabalho:

"Como gerente, fico preocupado quando vejo que meus funcionários estão se tornando amigos demais."

"Relacionamentos íntimos no trabalho causam problemas. Gosto de manter a vida profissional e a pessoal bem separadas uma da outra."

"Tenho muitos amigos e não sinto necessidade de ficar tão íntimo assim das pessoas no trabalho."

"Não queremos que as pessoas tenham melhores amigos no trabalho."

Embora algumas empresas estejam se abrindo à idéia de amizades dentro do ambiente corporativo, ainda existe uma grande resistência a ela. Quase um terço dos 80 mil gerentes e líderes que entrevistamos concordou com a afirmação "Familiaridade leva à insubordinação". Isso provavelmente não causa espanto para qualquer pessoa que tenha trabalhado em uma organização grande e burocrática.

É proibido fazer amigos

Laura aprendeu da maneira mais difícil como as amizades no local de trabalho são desencorajadas quando foi contratada como assistente de vendas por uma das maiores varejistas de roupas e acessórios nos Estados Unidos. A gerente de Laura, Beth, era uma das suas amigas mais chegadas antes de as duas começarem a trabalhar juntas. Mas Laura sabia que aquilo deveria ser mantido em segredo, pois a companhia tinha uma política formal de proibir que gerentes e funcionários tivessem uma amizade que fosse além do convívio no ambiente de trabalho. Durante o expediente, as duas eram obrigadas a esconder a amizade, mas, fora isso, não tinham medo de se socializar, principalmente porque trabalhavam em uma cidade grande e nunca encontravam colegas quando saíam juntas. A situação não era ideal, mas suportável.

Porém, quando Laura foi transferida para outra loja em uma cidade menor, enfrentou problemas muito maiores. Laura e o marido não tinham amigos ou parentes no local e ambos passavam a maior parte do tempo no trabalho. Laura começou uma amizade com uma supervisora de turnos, Yolanda. Certa manhã, quando estavam arrumando as prateleiras, Yolanda convidou Laura e outra assistente de vendas para um drinque depois do trabalho. Laura imaginou que não haveria problema, pois Yolanda era supervisora de outra área e não gerente dela. Além do mais, em uma cidade daquele tamanho, ela achava que não tinha muita escolha se quisesse ter alguma vida social. Aceitou com prazer o convite de Yolanda.

As três se divertiram muito, mas, infelizmente, foram vistas por outra funcionária e o episódio chegou ao escalão superior. Alguns dias depois, uma gerente veio conversar com Laura. "Levamos um puxão de orelha. Disseram-nos que supervisores não têm permissão para sair com pessoas que não estejam na mesma posição." De nada adiantou ela argumentar que era nova na cidade e não conhecia ninguém.

Depois daquele sermão, Laura e Yolanda foram obrigadas a interromper a amizade para manter seus respectivos empregos. Embora Yolanda e outra supervisora continuassem a sair juntas com regularidade, nunca mais convidaram a assistente de vendas.

Essa política não só teve um impacto na amizade com Yolanda, mas também fez com que o entusiasmo e o comprometimento de Laura com o trabalho despencassem, mudando irreversivelmente a maneira como ela via o emprego. "Isso torna o ambiente de trabalho muito menos agradável, saber que você vai ter que tomar muito cuidado com o que diz, com quem pode fazer amizade e com o que acontece depois do expediente."

Nos Estados Unidos, esse tipo de política é mais comum do que eu imaginava. Mesmo quando as amizades não são abertamente desencorajadas, são raras as ocasiões em que os líderes de uma organização as incentivam.

Pouco foco nas amizades no local de trabalho

Apenas 18% das pessoas trabalham para organizações que oferecem oportunidades para o desenvolvimento de amizades no trabalho.

Companheiros de reclamação

Existem riscos reais no que diz respeito aos relacionamentos muito chegados no local de trabalho. Uma amizade íntima é inerentemente mais complexa do que uma amizade superficial. Quando as pessoas formam grupos muito fechados no trabalho, excluem outros indivíduos, que podem ficar com ciúmes e reclamar da formação de panelinhas. E quanto mais próximas duas pessoas se tornam no ambiente de trabalho, piores os efeitos colaterais se as coisas saírem erradas. A situação se complica ainda mais quando uma amizade vira um relacionamento amoroso, especialmente se uma das partes estiver em uma posição de autoridade.

Quando entrevistei ex-funcionários da indústria automobilística em Detroit, observei várias amizades contraproducentes no local de trabalho. Dentro da típica fábrica de automóveis, a relação entre a gerência e os trabalhadores sindicalizados era tão ruim que levava a tensões constantes. Conseqüentemente, a maioria das "amizades" entre trabalhadores horistas se baseava no ódio mútuo ao empregador. Estivessem os funcionários no trabalho ou no bar, na maioria das vezes as conversas giravam em torno de reclamações e desabafos.

Embora isso talvez seja menos comum hoje em dia, boa parte dos locais de trabalho tem pelo menos uma dupla de "companheiros de reclamação". Assim, é importante reconhecer as conseqüências potencialmente negativas de algumas amizades no ambiente profissional. Porém, de acordo com pesquisas recentes, o potencial positivo de amizades no serviço teria um peso dramaticamente maior do que as possíveis desvantagens. Novos estudos sugerem que amizades íntimas no trabalho geram um aumento substancial – e não uma queda – na satisfação com o emprego e no sucesso dentro da carreira.

Avaliando o impacto

Interessado em *quantificar* a influência que as amizades podem ter nas corporações, juntei uma equipe diversificada de pesquisadores de ponta e pensadores de todo o mundo em 2004. Nosso objetivo era examinar o verdadeiro impacto financeiro e emocional das amizades no trabalho.

Como sou apaixonado por números e estatísticas, poderia passar algumas centenas de páginas discutindo os resultados da nossa pesquisa, mas isso faria com que quase todos vocês fechassem o livro de uma vez por todas. Em vez disso, vou me concentrar nas principais descobertas do nosso estudo. Se quiser saber mais sobre as centenas de perguntas que fizemos, sobre os milhões de entrevistas que analisamos ou sobre outros aspectos da nossa pesquisa, veja o apêndice C.

Principais descobertas da nossa pesquisa

Como você deve ter percebido, decidimos usar os termos "melhor amigo" ou "grande amigo" nas nossas entrevistas. Fizemos isso porque nossa pesquisa anterior mostrou que ter um "melhor amigo" no emprego – em vez de apenas um "amigo" ou mesmo um "bom amigo" – era um indicador mais forte de resultados. Aparentemente, a palavra "amigo" sozinha ficou banalizada, perdendo o sentido original de exclusividade.

Se tiver um grande amigo no trabalho, é muito mais provável que você:

- *Desperte o interesse dos seus clientes.*
- *Faça mais em menos tempo.*
- *Divirta-se no emprego.*
- *Tenha um ambiente de trabalho seguro, com menos acidentes.*
- *Inove e compartilhe novas idéias.*
- *Sinta-se informado e saiba que suas opiniões têm valor.*
- *Tenha a oportunidade de se concentrar nos seus pontos fortes diariamente.*

No total, *apenas* 30% dos funcionários disseram ter um grande amigo no trabalho. Se tiver a sorte de estar nesse grupo, você tem *sete vezes* mais chance de se empenhar na sua função. Os resultados da nossa pesquisa também sugerem que pessoas *sem* um grande amigo no emprego quase não têm chance de se comprometer com seu trabalho.

Ainda assim, muitas empresas continuam a desencorajar relacionamentos íntimos no serviço. E, como você pode ver pelos pontos destacados na nossa pesquisa, talvez elas estejam cometendo um erro que vai lhes custar caro. Nossos estudos indicam que o desenvolvimento de amizades é parte fundamental de um ambiente de trabalho saudável. Nas melhores equipes que estudamos, os funcionários reconhecem que as pessoas querem fazer amizades de qualidade e que a lealdade à empresa se dá por meio desses relacionamentos.

Ter amigos no emprego pode até gerar um tipo de compensação emocional para aqueles que não possuem outros incentivos. Laços mais fortes com pessoas do trabalho podem aumentar a satisfação com a empresa em quase 50% – e dobrar a chance de uma avaliação favorável do salário.

Probabilidades assombrosas

Sem um grande amigo no trabalho, a chance de você se empenhar na função que exerce é 1 em 12.

Ter um grande amigo é o suficiente?

A maior parte da pesquisa que mencionei se baseia em mais de oito milhões de respostas ao item "Eu tenho um grande amigo no trabalho", do questionário do Instituto Gallup. Muitas empresas hesitam em fazer essa pergunta aos seus funcionários; entretanto, ela tem se revelado um dos melhores indicadores da lucratividade de uma organização.

Uma vez estabelecido qual era o impacto de ter um grande amigo no trabalho, fiquei curioso em saber se ter um número maior de amizades próximas faria diferença. Então, em um estudo de âmbito nacional, perguntamos a mais de mil pessoas quantos grandes amigos elas tinham. Em seguida, perguntamos a cada uma delas quantos daqueles amigos eram também colegas de trabalho (essa pergunta foi desenvolvida para conseguirmos uma resposta mais exata). A princípio não surgiram muitas diferenças entre aqueles que tinham um e os que tinham dois amigos no trabalho. Porém, os resultados para o grupo que tinha pelo menos três amizades muito chegadas revelaram um aumento na satisfação com o emprego e um salto ainda maior na satisfação com a vida. Esses dados estão longe de ser conclusivos, mas, ao que parece, podem representar outra importante fronteira.

Três amigos no trabalho, mais felicidade em casa?

Pessoas com pelo menos três amigos íntimos no trabalho tinham 96% mais chance de estar extremamente satisfeitas com a vida.

Não me entenda mal: um grande amigo no serviço faz toda a diferença do mundo. Esse é o primeiro passo a dar se você quiser ter um ambiente profissional e uma vida pessoal mais agradáveis. Mas não pare quando conseguir um grande amigo no emprego. Nossa mais recente pesquisa indica que você poderá notar uma diferença drástica se construir mais amizades no trabalho.

Construindo lealdade *entre* funcionários

De acordo com uma pesquisa, nós entramos e permanecemos em grupos, equipes e organizações por conta do envolvimento dos nossos amigos. Isso não parece mudar muito no decorrer da vida. No ensino fundamental, nós nos juntamos aos mesmos grupos que os nossos melhores amigos. Isso continua na universidade e no ambiente de trabalho. Quando perguntamos às pessoas se elas prefeririam ter um grande amigo no emprego ou um aumento salarial de 10%, a opção pela amizade venceu com folga.

Como seres humanos, queremos participar das mesmas atividades que os nossos amigos. Agir dessa forma nos faz rir e nos sentir bem, além de oferecer apoio social. E, ao contrário do que se possa imaginar, medos e tensões sobre amizades com o sexo oposto não parecem ser uma preocupação relevante nas nossas enquetes; menos de 10% das pessoas que estudamos estavam "muito apreensivas" no que dizia respeito a relações com alguém do sexo oposto no local de trabalho.

Pense nas ocasiões em que você quis sair de um grupo ou uma organização. Esses são momentos críticos e decisivos, e ter uma forte amizade pode fazer toda a diferença.

Uma mulher que entrevistei disse que um amigo foi a "cola" que a manteve presa ao emprego. Rosa, uma executiva de um grande grupo beneficente, acreditava na missão da sua organização. Trabalhava lá havia mais de uma década e ainda gostava do que fazia; além disso, tinha alguns amigos íntimos na empresa. Porém, num determinado momento, começou a ter dúvidas se aquilo era suficiente. A organização estava enfrentando dificuldades orçamentárias e reduzindo custos. Alguns conflitos interpessoais também vinham causando discórdia. No final de uma semana difícil, em que estava se sentindo extremamente desvalorizada, Rosa foi para casa pensando: "Já chega." Passou o sábado e o domingo inteiros refletindo se devia abandonar o emprego, quase sempre em lágrimas. No domingo decidiu escrever sua carta de demissão.

Enquanto escrevia, recebeu uma ligação do seu melhor amigo no trabalho, também membro do conselho executivo. "Estava pensando em você. Sei que a semana passada foi difícil e só queria que soubesse que vai melhorar. A empresa precisa de você; seu papel é fundamental. Não desista", ele disse.

Assim que desligou o telefone, Rosa rasgou a carta de demissão. Na segunda-feira de manhã ela foi trabalhar normalmente e continuou no emprego, lado a lado com o melhor amigo, por muitos anos.

Um foco incomum

Apenas 20% dos funcionários dedicam tempo a desenvolver amizades no trabalho.

Enquanto a maioria das companhias perde tempo pensando em como aumentar a lealdade dos funcionários à organização, nossos resultados sugerem que talvez seja melhor elas tentarem uma abordagem diferente: *fomentar o tipo de lealdade que se desenvolve entre um funcionário e outro*. É o que mantém as pessoas em seus empregos – e isso transcende os negócios. Em organizações que se baseiam na fé, descobrimos que amizades íntimas são os melhores indicativos de assiduidade, permanência, satisfação e forte crença em um poder superior. Assim, ao que parece, grupos que se baseiam na fé, escolas, empresas beneficentes e equipes esportivas, entre outras organizações, estão no ramo do cultivo de amizades, quer percebam ou não.

capítulo 8

VOCÊ PODE SER AMIGO DO SEU CHEFE?

"Os gerentes aprendem nas escolas de administração que os relacionamentos são de cima para baixo ou de baixo para cima, porém, os relacionamentos mais importantes hoje em dia são laterais. Se existe uma coisa que a maioria das pessoas que conheço na área de gerenciamento precisa aprender é como lidar com relacionamentos em que não há autoridade ou ordens."
– Peter Drucker, guru da administração

Se comparado aos momentos que passamos com nossos parentes, filhos, clientes, colegas e chefes, o tempo que dedicamos aos amigos é classificado como o mais agradável, de acordo com um estudo recente. Na média, o tempo ao lado de um amigo é melhor classificado até mesmo do que o tempo passado com o cônjuge. Como pode? Os pesquisadores da Universidade de Princeton que conduziram esse estudo usaram uma nova técnica: pediam que os participantes contassem como tinham sido seus dias, assim os entrevistadores podiam pinçar momentos específicos. Os participantes também relatavam como aproveitavam, de um modo geral, cada *momento*. Por exemplo, o entrevistado dizia quão feliz estaria se estivesse no meio da correria para levar os filhos para a escola ou trocando a fralda suja do bebê.

Em contraste, os pesquisadores solicitavam que ele recordasse um momento na companhia de um amigo em que estivesse relaxando ou tomando um drinque.

O final da lista de "pessoas com quem gostamos de passar o tempo" é bastante preocupante. Clientes e fregueses ficaram em antepenúltimo lugar, colegas de trabalho em penúltimo, seguidos pelos chefes, que ficaram na última posição. *A interação com chefes também foi considerada, em média, menos agradável do que fazer faxina.*

> **A pessoa que *menos* desejamos ter por perto**
>
> *Menos de uma entre cinco pessoas considera o chefe um grande amigo.*

Sem dúvida, existem milhares de gerentes no mercado que não estão interessados em assumir a responsabilidade pelo desenvolvimento de outras pessoas. A maioria de nós teve um chefe assim em algum momento da vida. Eles colocam você para baixo, prejudicam sua produtividade e até minam sua saúde. Porém, também encontramos milhares de gerentes excepcionais que têm o efeito oposto. Esses grandes chefes possuem uma característica comum: eles se importam com seus funcionários como seres humanos de verdade e não apenas como um meio para alcançar um fim.

Quando conversei com funcionários que trabalhavam para Sandra, uma das gerentes de maior prestígio que já estudamos, o que me impressionou foi a variedade de relatos sobre o que ela fazia de melhor. Parecia que estávamos falando de pessoas diferentes. Um funcionário que não gostava de prestar contas de cada passo que dava me disse que Sandra foi a primeira gerente que lhe deu "espaço para transitar". Ela estava sempre presente, mas não ficava olhando por cima do ombro dele o tempo todo.

Já outra funcionária elogiou a maneira como Sandra ia toda hora ver como ela estava: "Eu adorava ter uma chefe que se importava com a minha família e estava interessada em mim." Isso fazia com que ela produzisse mais no trabalho. Aparentemente, essa funcionária queria ter atenção regularmente e foi atendida.

Ser amigo ajuda

Funcionários que têm uma grande amizade com o gerente têm 2,5 mais chance de estar satisfeitos com o emprego.

Eis um dos segredos que aprendemos com grandes gerentes (e também com os melhores professores): eles conhecem cada pessoa e ajustam o gerenciamento de acordo com as preferências e as necessidades individuais.

Queremos e precisamos de gerentes que se preocupem com nossas vidas como um todo e não só com nossa atuação no local de trabalho. O Instituto Gallup pediu que mais de oito milhões de entrevistados comentassem a seguinte afirmação: "Meu supervisor (ou alguém no trabalho) parece se importar comigo como pessoa", e descobriu que os indivíduos que concordam com ela:

- Têm mais chance de permanecer na organização.
- Possuem clientes mais interessados.
- São mais produtivos.

Se você teve a sorte de já ter tido um gerente que o tratava como um amigo e se importava com a sua vida pessoal, é provável que compreenda a diferença que esse tipo de amizade genuína pode fazer. Os melhores gerentes do mundo não são apenas *especialistas* em sistemas, processos e competências técnicas – eles são *especialistas* na *sua vida.* E por causa disso aumentam sua produtividade e seu compromisso com o trabalho.

Você tem conversado regularmente com seu chefe?

Apenas 17% dos funcionários dizem que seus gerentes "investiram no nosso relacionamento" nos últimos três meses.

Todo funcionário merece um gerente que possa chamar sinceramente de amigo ou, pelo menos, que se importe com o bem-estar dele. A questão é que o tempo que passamos com nossos clientes, colegas e chefes é quase duas vezes maior do que *a soma* do tempo que passamos com nossos amigos, parceiros, filhos e outros parentes. Por isso, se você quiser ser mais feliz e dedicado ao trabalho, considere a possibilidade de desenvolver algumas amizades sólidas no escritório, talvez até mesmo com o seu chefe.

capítulo 9

COMPROMETENDO-SE COM O TRABALHO

"As empresas estão começando a descobrir que grandes amizades são boas para os negócios, porém, ainda não têm idéia do que fazer a esse respeito."
– USA Today

Sempre que recomendo que os funcionários tenham um grande amigo no trabalho, alguém inevitavelmente pergunta: "Ótimo, mas o que posso fazer em relação a isso na minha empresa?" Os líderes muitas vezes acham as descobertas das nossas pesquisas "interessantes", mas não vêem como elas podem ser colocadas em prática. Em uma entrevista recente para um jornal, um diretor de uma renomada empresa de consultoria reconheceu a importância das amizades no trabalho, mas fez a seguinte observação: "Não acho que temos muito controle sobre essa questão." Um executivo me disse: "Não posso simplesmente dizer ao meu pessoal para fazer amigos." E outro comentou com sarcasmo: "Será que eu devo obrigá-los a sair e tomar uma cerveja juntos?" Eles estão certos. Esse tipo de abordagem não daria certo.

Mas a nossa pesquisa revela que as pessoas *podem* fazer grandes amizades no emprego. Em cada organização e indústria que estudamos, a pontuação no item "Eu tenho um grande amigo no trabalho" sobe quando há um pouco de esforço da parte da gerência. E essa melhora normalmente vem acompanhada de um aumento na lucratividade.

Um método rápido de desenvolver amizades?

Quando os gerentes conversam regularmente com sua equipe sobre amizades, isso quase triplica a chance de que os funcionários tenham um "grande amigo no trabalho".

Colegas de trabalho podem se tornar grandes amigos?

Em 2004, participei de uma conferência global que foi sediada por uma das maiores empresas do setor industrial no mundo. Na noite anterior à conferência, conheci Carolyn, gerente de produção de uma fábrica em Manchester, na Inglaterra. Carolyn iria fazer uma apresentação para todo o grupo – centenas de gerentes e líderes de diversos países – na manhã seguinte. Ela me contou que estava muito nervosa porque não estava acostumada a falar em público. Carolyn tinha sido chamada para dar uma palestra por conta do desempenho excepcional da unidade que chefiava.

Na manhã seguinte, ocupei um lugar numa das últimas fileiras do auditório. Quando Carolyn foi apresentada à platéia, percebi que também estava nervoso. Lá estava ela, falando para um grupo de executivos seniores do mundo inteiro, e sua missão era fazê-los entender a estratégia *dela* para aumentar o comprometimento dos funcionários e incrementar sua unidade de produção... não era uma tarefa fácil.

A pele clara de Carolyn ganhou alguns tons de vermelho quando ela deu início à apresentação, mas assim que se soltou, adotando um estilo bem natural, como se estivesse conversando, a platéia entrou em sintonia. Ela descreveu a situação da sua unidade quatro anos atrás, quando o nível de comprometimento dos funcionários foi medido pela primeira vez. A equipe de Carolyn obteve uma das menores pontuações da empresa. O histórico de segurança não era bom, o índice de faltas estava muito alto, as reclamações dos clientes não paravam de crescer e os números gerais de desempenho eram sofríveis. O quadro não melhorou no segundo ano e o departamento corporativo sugeriu que ela se preocupasse mais com o engajamento dos funcionários. Se fizesse isso, os executivos acreditavam que ela conseguiria melhorar os resultados nas principais avaliações.

Quando Carolyn analisou as questões sobre o grau de comprometimento dos funcionários, notou que algumas eram "delicadas" demais, especialmente para o ambiente industrial. Carolyn era uma raridade – uma jovem mulher gerenciando uma unidade de produção onde todos os empregados eram homens, a maioria deles com mais de 40 anos de idade. A última coisa que queria fazer era sentar com eles e conversar sobre como aumentar a pontuação no quesito "Eu tenho um grande amigo no trabalho". Mas a situação era desesperadora e ela não tinha nenhuma idéia melhor. Não estava convencida de que ia ajudar muito, mas decidiu tentar.

No decorrer do ano seguinte, Carolyn fez tudo o que pôde para envolver seus funcionários em um nível mais emocional. No começo, os homens acharam que ela estava meio maluca, por conta daquele blablablá de que eles deviam se importar uns com os outros e fazer amizades. Ela foi persistente, passou a conversar mais com os empregados e se dedicou a buscar novas oportunidades para estreitar os laços entre os membros da equipe. Criou um fundo social para financiar eventos que reunissem os funcionários e seus parentes. Carolyn disse que se concentrou nas "coisas simples" e tentou manter um fluxo constante de comunicação na fábrica.

Depois de alguns meses, notou que as coisas estavam mudando. Os homens começaram a conversar sobre assuntos pessoais e alguns até pareciam estar gostando do trabalho. Além de beber juntos depois do expediente, saíam para andar de bicicleta e jogar futebol ou cartas nos dias de folga. "O mais importante foi que passaram a se ajudar", disse Carolyn.

Quando um deles enfrentou problemas no casamento, os colegas se uniram para apoiá-lo e chegaram até a falar com a gerente sobre a situação, para que ela fosse solidária naquele momento. Quando alguém ficava doente, os demais assumiam as tarefas, mesmo que tivessem de fazer hora extra. Os homens tinham desenvolvido laços fortes. Carolyn estava cautelosamente otimista enquanto esperava os resultados da nova avaliação de comprometimento dos funcionários. "Acho que seria difícil piorar muito", disse, em tom de brincadeira, ao grupo de gerentes que assistia à palestra.

Era hora de ver os resultados. Carolyn mostrou os números: o engajamento de seus funcionários tinha aumentado drasticamente. E o desempenho da equipe, medido pela "velocidade de produção" – ou seja, o número médio de unidades produzidas em um dia –, também crescia rápido. As reclamações dos consumidores, por outro lado, haviam caído 50% em relação ao ano anterior.

A platéia ficou impressionada. Carolyn contou que, depois de ver os primeiros resultados, ficou convencida de que o investimento naquelas "questões delicadas" realmente valia a pena. No ano seguinte, dedicou ainda mais tempo e esforço a instigar o comprometimento entre os funcionários. E o que era melhor: eles estavam finalmente começando a acreditar na importância das amizades no trabalho, o que tornou sua tarefa mais fácil. Sua equipe estava se divertindo mais e produzindo mais.

E a fábrica tinha se tornado um lugar mais seguro para se trabalhar. Quando alguma coisa saía errado na linha de montagem, era muito mais provável que um companheiro fosse em socorro de outro. "A unidade parece mais iluminada. Mais limpa. As pessoas estão cuidando melhor das instalações", disse Carolyn. Mais tarde, ela me contou como era gratificante "chegar ao trabalho na segunda-feira e sempre ouvir uma risada". E completou: "É difícil explicar, porque é uma coisa que você *sente*."

Carolyn percebia grandes mudanças na sua unidade nos últimos dois anos, de modo que esperava que a pontuação subisse novamente no ano seguinte. De fato, a avaliação do nível de comprometimento dos funcionários foi ainda melhor e sua equipe estabeleceu um novo recorde de velocidade média de produção – um dos mais importantes indicativos em uma fábrica. Eles estavam entre os grupos de trabalho mais comprometidos do mundo, as reclamações dos consumidores tinham caído *mais* 50% e o número de faltas era de menos de um terço da média industrial – uma reviravolta improvável, para dizer o mínimo.

E o mais importante: os próprios clientes de Carolyn também notavam a incrível transformação. Ao fazer uma visita à fábrica, um dos clientes mais insatisfeitos nos anos anteriores disse que "via e sentia" a melhora nos rostos dos operadores da linha de montagem. Isso fez Carolyn sorrir de orgulho.

Quando terminou sua apresentação, a gerente de produção se sentia completamente relaxada. Parecia que estava contando sua história para um velho amigo num pub em Manchester. Antes de receber uma estrondosa ovação dos colegas da conferência global, Carolyn concluiu a palestra com um desafio para o grupo: "Se funcionou com aqueles sujeitos durões, deve funcionar com qualquer um."

Como os amigos influenciam nosso trabalho e nossa vida

À medida que nossa equipe estudava centenas de grupos como o de Carolyn, começamos a perceber novos padrões nos dados. Ficou claro que as amizades são vitais para alcançar felicidade e realização no emprego – porém, também notamos que a maioria dos indivíduos e empresas estava fracassando nesse objetivo. Então decidimos seguir os padrões dos dados, que sugeriam *como* diferentes amizades afetam o nosso trabalho e a nossa vida.

PARTE TRÊS

DESENVOLVENDO AMIZADES VITAIS

capítulo 10

AFIANDO CADA RELACIONAMENTO

Se você quiser que uma faca funcione melhor, vai amolar o lado da lâmina, que já foi feito para cortar. Amolar o lado oposto levaria um tempo considerável e tornaria a faca perigosa. Tentar amolar o cabo seria simplesmente desafiar o senso comum, pois ele não foi feito para ser amolado. No entanto, conforme mencionei no capítulo 5, é isso o que acontece quando se exige "perfeição" em uma amizade. Tentamos forçar uma pessoa a ser afiada em todos os aspectos – mesmo quando isso é um exercício inútil e potencialmente destrutivo.

Em vez disso, o segredo é saber quais as características com maior potencial de serem afiadas em cada amizade. As enquetes que fizemos revelaram que as pessoas têm relacionamentos melhores quando conseguem dizer com facilidade *qual é a contribuição de cada amigo* para a relação. Sem se contentar com essas descobertas iniciais, nossa equipe resolveu dar um passo adiante.

Logo de início, nós nos deparamos com um obstáculo básico, porém importante. Nosso vocabulário sobre amizades não era claro. Conforme mencionei antes, o significado da palavra "amigo" perdeu um pouco da sua intensidade original. Você provavelmente nota isso nas suas interações cotidianas. Uma conhecida distante pode se referir a você como uma "boa amiga" e um colega de escritório por quem você passou duas ou três vezes no corredor pode sair por aí alardeando que é seu amigo. É desnecessário dizer que a palavra "amigo" já não tem muita exclusividade e está prestes a se tornar um rótulo genérico. É por isso que resolvemos empregar o adjetivo "vital", que não é usado com freqüência para descrever amizades e significa algo que é essencial à sua vida.

Amigo Vital *1. Aquele que melhora sensivelmente sua vida. 2. Uma pessoa imprescindível; alguém que não pode faltar na sua vida profissional ou pessoal.*

Para saber se uma amizade é ou não vital, também criamos um teste mais objetivo utilizando as seguintes perguntas:

Se essa pessoa não estivesse mais por perto, sua satisfação geral com a vida diminuiria?

Se essa pessoa não fizesse mais parte da sua vida, sua produtividade ou seu comprometimento no trabalho diminuiriam?

Contribuições únicas

Quando pedimos para as pessoas descreverem *como* cada amizade melhorava seu trabalho e sua vida, não descobrimos um único protótipo ou amigo ideal. Embora alguns entrevistados quisessem que um amigo fizesse tudo, não era isso que acontecia. Em vez disso, ouvimos pessoas descreverem amigos que eram *muito bons* em algumas *poucas coisas*. Esse foi o grande "a-há!" para a nossa equipe de pesquisa – era como se nossos amigos tivessem vários papéis vitais em nossas vidas.

Para podermos avaliar e descrever os papéis únicos que os amigos desempenham, decidimos criar uma classificação. Começamos explorando as necessidades básicas que os amigos suprem na nossa vida. Testamos centenas de idéias e perguntas, identificando por fim 65 itens e oito Papéis Vitais (que serão descritos em detalhe no próximo capítulo) que diferenciavam amizades positivas e produtivas das demais.

Chegamos aos oito Papéis Vitais perguntando às pessoas sobre as coisas que elas estavam *ganhando* com a amizade de outra pessoa. Em outras palavras, posso dizer que meu amigo Mark sempre me ajuda quando eu preciso. Sei que ele desempenha esse papel na minha vida. No entanto, não sou a pessoa mais apta a dizer se eu estou presente nas horas de necessidade *dele*. Mark seria a melhor pessoa para responder a essa pergunta.

Conseqüentemente, a Classificação dos Amigos Vitais que desenvolvemos se concentra apenas nos Papéis Vitais que outras pessoas desempenham na sua vida – aquilo que você está recebendo de cada amizade. Ela avalia os pontos fortes inerentes às suas amizades, mas revela apenas um lado da história. Inicialmente, vai revelar o que você está ganhando, não o que está oferecendo.

Essa é uma distinção importante, pois em uma amizade *nós geralmente damos coisas diferentes daquelas que recebemos*. Os papéis dos Amigos Vitais nem sempre são recíprocos – nem precisam ser. Talvez você possa contribuir com conselhos e motivação, mas o outro, não. Porém, essa pessoa pode acrescentar bastante à sua vida porque vocês têm muitos interesses em comum e se divertem quando estão juntos. Em alguns relacionamentos, você e seu amigo desempenharão os mesmos papéis um para o outro – mas essa não é a regra.

Você sabe como seus amigos contribuem para a sua vida?

Apenas 30% das pessoas têm facilidade de descrever a contribuição que cada amigo dá para a vida delas.

Que papéis cada um de seus amigos desempenha?

A Classificação dos Amigos Vitais* foi criada para avaliar os oito papéis mais comuns identificados na nossa pesquisa. Entretanto, ela *não* vai abranger *todas* as dimensões e nuances das suas amizades. Existem centenas de papéis únicos que as pessoas podem representar na sua vida. Você deve ter amigos que desempenham papéis específicos que não estão incluídos nessa classificação. Eles, com certeza, merecem sua atenção. Quero que você se sinta à vontade para fazer acréscimos à lista quando começar a analisar mais profundamente suas amizades.

Talvez você considere interessante saber os Papéis Vitais dos seus amigos; porém, essa classificação *sozinha* não vai proporcionar um crescimento duradouro. É apenas o ponto de partida para ajudá-lo a identificar os pontos positivos nos seus relacionamentos. O próximo passo é descobrir maneiras únicas de construir e prolongar esses laços, desenvolvendo o que há de bom neles. Esse é o objetivo final.

O capítulo 11 fornece descrições dos oito Papéis Vitais, alguns exemplos reais de como as pessoas desempenham cada uma dessas funções na vida dos amigos e dicas práticas para construir amizades mais sólidas dentro de cada papel. Você também encontrará sugestões para o caso de *desempenhar aquele papel para outra pessoa*. As descrições, os exemplos e as dicas dessa seção foram desenvolvidos com base em centenas de entrevistas com pessoas que responderam ao questionário de classificação.

---

* O teste de Classificação dos Amigos Vitais está disponível apenas em inglês no site Vital Friends. A Editora Sextante fornecerá um código personalizado para quem quiser acessar o site e fazer o teste. Para solicitar seu código e obter mais informações, envie um e-mail para atendimento@esextante.com.br ou entre em contato pelo telefone 0800-22-6306. (N. do E.)

O número de Papéis Vitais com que cada amigo contribui irá variar de pessoa para pessoa. Uma amizade vital extraordinária pode ser várias vezes mais importante do que uma série de amizades casuais. Alguns amigos representarão diversos papéis, enquanto outros terão apenas um. Não subestime aqueles que desempenham um único papel admiravelmente – eles podem ter uma poderosa influência no seu trabalho e na sua vida pessoal. O segredo é dedicar atenção ao papel que cada pessoa *representa* na sua vida. É aí que mora a oportunidade de verdadeiro crescimento.

capítulo 11

OS OITO PAPÉIS VITAIS

Incentivador
Campeão
Colaborador
Companheiro
Comunicador
Energizador
Instigador
Guia

Incentivador

Incentivadores são grandes motivadores, que sempre impelem você em direção à linha de chegada. Investem continuamente no seu desenvolvimento e possuem um interesse genuíno no seu sucesso – mesmo que isso signifique correr riscos por você. Incentivadores são generosos com o tempo deles e o ajudam a reconhecer seus pontos fortes e usá-los de modo produtivo. Quando quiser saber como aperfeiçoar aquilo que você já faz bem, converse com um Incentivador. Da mesma forma que os melhores técnicos e gerentes, esses são os amigos que o levam a realizar mais a cada dia. E grandes Incentivadores não competem com você. Eles entendem como o talento deles pode complementar o seu. Se precisar de um catalisador para o seu crescimento pessoal ou profissional, tenha um Incentivador por perto.

Incentivadores em ação

- *"Embora fosse bem-sucedido profissionalmente, eu não tinha curso superior. Meu amigo George sabia que isso era um problema para mim, algo que fazia com que me sentisse inferior diante dos nossos colegas, clientes e até mesmo de alguns dos meus subalternos. Ele realmente me incentivou a voltar a estudar e obter o diploma universitário. Por conta do estímulo e do apoio permanentes, meti a cara e agora sou bacharel em administração de empresas. Sinto-me muito mais confiante."*

  – Brad P., gerente de serviços ao cliente

- *"Fui contratado por uma nova empresa há um ano e senti, imediatamente, que tinha uma grande empatia com meu chefe, Spencer. Ele fez tudo o que estava ao seu alcance para que eu pudesse exercer bem minha função – investiu em treinamento, conversas significativas e troca de idéias. Ele me dedicou bastante tempo, o que fortaleceu minha autoconfiança. Gosto de trabalhar duro, mas Spencer me motiva a trabalhar mais duro ainda, pois sei que a reputação dele está vinculada ao meu sucesso, e não quero desapontá-lo."*

  – Macon C., especialista em recrutamento e seleção

- *"Susan, minha gerente, é uma Incentivadora para mim. Ela me elogia quando realizo um bom trabalho e está sempre me estimulando a produzir mais. No mês passado me pediu para fazer nosso relatório anual. Eu já tinha feito relatórios menores antes, mas nada daquela proporção. A princípio fiquei nervoso, mas ela me deu idéias, fontes e demonstrou que confiava em mim. O resultado final superou todas as expectativas. Susan sabia que eu era capaz – mesmo quando eu próprio não sabia!"*

– Steve B., assistente de relações públicas

- *"Sou responsável pela área de serviços de uma revendedora de automóveis que eu e meu marido possuímos. Queria conseguir um preço melhor no reembolso do serviço de garantia da montadora, mas a papelada era um verdadeiro estorvo. Meu marido me apoiou e me incentivou de verdade durante o processo. Se não fosse pela confiança dele na minha habilidade de concluir o projeto, jamais teria terminado. O resultado é que a companhia está nos pagando um bom dinheiro a mais pelo serviço de garantia, valor que posso repassar diretamente aos funcionários."*

  – Kay S., dona de revendedora de automóveis

Quem são seus Incentivadores?

____

____

____

Fortalecendo seus Incentivadores

- Mostre a seus Incentivadores onde e quando exatamente um empurrãozinho seria útil. Discuta suas metas com eles para que possam ajudar você a conquistar o que deseja. Dê a eles permissão para instigá-lo quando você estiver hesitante.

- Quando pedir conselhos a um Incentivador, coloque seus pontos fortes em primeiro plano na conversa. Incentivadores querem investir nas coisas que você faz bem e ajudá-lo a reconhecer oportunidades que poderiam passar despercebidas.

Incentivadores enxergam o melhor em você até quando você mesmo não é capaz de enxergar.

- Seus Incentivadores podem ou não ser bons em colocá-lo em contato com outras pessoas, mas muito provavelmente serão bons treinadores. Procure-os antes de reuniões importantes, entrevistas ou apresentações. Eles sabem o que você faz de bom e podem oferecer apoio moral.

- Compartilhe seus sucessos com seus Incentivadores e certifique-se de que eles saibam como ajudaram você a chegar lá. Incentivadores se alimentam da satisfação interna que sentem com o progresso dos amigos – não deixe de mantê-los informados.

Criando novos Incentivadores na sua vida

- Não tenha vergonha de pedir orientação, seja para alguém em uma posição de liderança, um parente ou um colega de trabalho. As pessoas adoram dar conselhos e, ao solicitar esse tipo de ajuda, você demonstra que respeita a opinião delas. Assim será mais provável que elas se interessem pelo seu desenvolvimento pessoal ou profissional no futuro.

- Faça contato com pessoas que pareçam se importar com o sucesso dos outros. Talvez elas possuam um desejo inato de ver outros indivíduos crescerem e venham a se interessar pelo seu progresso.

- Compartilhe informações pessoais com seus Incentivadores em potencial. Quanto mais profundamente as pessoas conhecerem você, melhor vão entender seus pontos fortes e as características que o tornam bem-sucedido.

- Se seu supervisor não desempenha o papel de Incentivador, talvez seja porque você ainda não lhe deu uma chance. Faça pelo menos uma reunião de avaliação por trimestre para estreitar os laços e discutir seus sucessos e objetivos. Se mostrar ao seu supervisor que isso é importante para você, talvez ele se interesse mais por seu sucesso.

Se você for um Incentivador

- Preste atenção ao aprendizado e ao desenvolvimento dos seus amigos. Acentue esse crescimento ao compartilhar suas observações pessoais com eles.

- Converse com seus amigos sobre algum sucesso recente que tiveram. Fale sobre os pontos fortes deles e indique que características você acredita que tenham sido úteis nessa conquista específica. Fique de olho em oportunidades que possam ajudar seus amigos a ser bem-sucedidos no futuro.

- Reserve um tempo para seus amigos. Peça que identifiquem e discutam os pontos fortes deles. Ajude-os a sentir orgulho de si mesmos por possuírem talentos únicos e especiais.

- Ajude os amigos a expandir suas idéias sobre as possibilidades de crescimento. O aprendizado formal dentro de sala de aula é uma maneira de crescer, mas meter a cara e oferecer ajuda em projetos é outra. São vários os cenários para o desenvolvimento; leve em consideração o trabalho, a escola e organizações voluntárias.

- Pense em como as habilidades dos seus amigos complementam as suas. Descubra como vocês trabalham melhor em equipe.

- Converse com outras pessoas sobre seus amigos e sobre as contribuições que eles trazem. Aponte áreas em que você acredita que eles poderiam se sobressair. Pense em como pode incentivá-los a alcançar o sucesso.

Campeão

Campeões ficam do seu lado e das coisas em que você acredita. São os amigos que louvam suas qualidades todo santo dia e fazem a diferença na sua vida. Eles não só o elogiam na sua presença, como também "cobrem sua retaguarda", saindo em sua defesa quando você não está por perto. Eles o aceitam pela pessoa que você é, mesmo diante de resistência. Campeões são amigos leais a quem você pode confidenciar segredos. Eles têm pouca tolerância com a desonestidade. Pode ter certeza de que vão aceitar o que você disser, sem julgá-lo, mesmo quando os outros não aceitarem. Campeões são seus melhores defensores. Quando você alcança o sucesso, eles sentem orgulho e dividem esse sentimento com as outras pessoas. Campeões se alimentam das suas conquistas e da sua felicidade. Quando precisar de alguém para defender sua causa, procure um Campeão.

Campeões em ação

- *"Meu amigo e colega de trabalho Mike acompanha de perto meus sucessos e adora falar sobre eles com as outras pessoas. Há pouco tempo participamos de uma reunião e Mike acabou contando ao grupo sobre uma grande conquista minha. Todos me deram os parabéns pelo trabalho e foi ótimo. Eu teria vergonha de levantar o assunto por conta própria, mas fiquei grata por Mike tê-lo feito por mim."*

– Sarah L., coordenadora educacional

- *"Eu estava enfrentando dificuldades com alguns dos meus funcionários. Eles não entendiam o meu papel e vinham criando boatos sobre o meu nível de competência. Não sabiam que eu levava trabalho para casa todas as noites nem tinham noção da extensão da minha responsabilidade. Felizmente, um membro da equipe que trabalhava mais próximo de mim se dispôs a me defender. Eu já havia tentado fazer aquilo antes, mas foi muito mais eficiente por ter vindo de alguém de dentro do grupo."*

  – Rajinder S., diretor de informática

- *"Assumi recentemente uma nova posição no trabalho. Meu marido ficou um pouco preocupado com a carga horária potencialmente maior, mas me deu apoio. Porém, fiquei muito feliz quando o escutei falando com o pai e com vários amigos sobre a minha função e como ele estava orgulhoso de mim."*

  – Staci K., diretora de uma organização beneficente

- *"Travis me ajudou bastante a ser bem-sucedido no trabalho. Ele me elogiou diante de outro colega e me ofereceu uma boa oportunidade junto a um dos nossos principais clientes. Ele é muito respeitado na empresa, de modo que seus comentários positivos me dão enorme credibilidade. É legal ter alguém fazendo lobby a meu favor."*

  – Dee M., consultor

Quem são seus Campeões?

____

____

____

Fortalecendo seus Campeões

- Ajude seus Campeões a entender que o papel deles é parecido com o dos agentes de celebridades ou coordenadores de campanha de políticos. Explique aos seus Campeões o que você gostaria que eles dissessem sobre seus interesses, sucessos, habilidades, objetivos e aspirações.

- Diga a seus Campeões que ficou sabendo das palavras gentis, dos comentários e elogios deles.

- Fale para os seus Campeões que você confia neles e se sente à vontade para compartilhar seus sucessos com eles. Esclareça que você tem dificuldade de falar sobre suas conquistas com outras pessoas e que sente uma enorme gratidão pelo apoio que eles oferecem.

- Quando cometer um erro, divida o problema com seus Campeões. Pode esperar honestidade e apoio, sem julgamentos da parte deles.

Criando novos Campeões na sua vida

- Observe quem são as pessoas que estão sempre defendendo os outros. Conheça-as e tente fazer amizade com elas.

- Faça confidências aos seus Campeões em potencial. Não conte a eles a história da sua vida nem despeje seus problemas logo de saída, mas revele aos poucos alguns dos seus sonhos e medos.

- Seja discreto ao falar de suas conquistas. É mais provável que Campeões apareçam e façam amizade com você se notarem uma certa humildade. Se você ficar alardeando suas realizações, os outros não vão sentir necessidade de fazer isso.

- Quando estiver envolvido em um projeto especial, ouça as opiniões das pessoas ao seu redor. Peça palpites no decorrer do trabalho – e, quando terminar, mostre a seus colegas como está agradecido. Se eles acharem que contribuíram para o seu trabalho e ficarem tão orgulhosos das suas conquistas quanto você, se sentirão inclinados a comentar seu sucesso com outras pessoas.

Se você for um Campeão

- Pergunte aos seus amigos sobre as conquistas deles. Mantenha-se informado sobre o que aprenderam e conseguiram. Eles vão adorar contar e você poderá ajudá-los a ver até onde esse crescimento pode levá-los no futuro.

- Leve em consideração suas esferas de influência. Talvez você freqüentemente interceda por seus amigos no ambiente de trabalho. Será que existem outras áreas em que os talentos deles podem se destacar? Professores, treinadores, conselheiros e voluntários são necessários em vários lugares – escolas, clubes, equipes esportivas e comunidades de fé. Expanda suas idéias sobre onde promover seus amigos.

- Esteja sempre em contato com seus amigos e procure saber de suas realizações no trabalho e em casa. Talvez você tenha que sondar um pouco caso eles se mostrem relutantes em compartilhar essas conquistas. Prepare algumas perguntas com antecedência.

- Pergunte aos seus amigos o que você poderia fazer para ajudá-los a se preparar para o sucesso. Assuma o desafio de lhes proporcionar isso.

- Entenda que seus amigos valorizam a sua lealdade e podem dividir coisas com você que não compartilhariam com outras pessoas. Honre a confiança deles mantendo seus segredos.

- Esteja atento aos sucessos dos seus amigos e congratule-os por meio de mensagens ou palavras elogiosas. Copie outros amigos ou colegas quando mandar e-mails elogiando ou agradecendo por idéias, trabalho duro, conquistas ou sugestões. Lembre-se de falar bem dos seus amigos para pessoas importantes em suas vidas. Isso inclui pais, companheiros, filhos e amigos íntimos.

Colaborador

O Colaborador é um amigo com interesses em comum – a base de muitas grandes amizades. Ele pode compartilhar com você uma paixão por esportes, hobbies, religião, trabalho, política, comida, música, filmes ou livros. Em muitos casos, freqüenta os mesmos grupos ou associações que você. Ao conversar com um Colaborador, você está em terreno conhecido, e isso pode servir de alicerce para um relacionamento duradouro. De fato, muitas vezes vocês dois descobrem nessas conversas que possuem ambições semelhantes no trabalho e na vida. Quer alguém que entenda as suas paixões? Procure um Colaborador.

Colaboradores em ação

- *"Dave e eu fizemos faculdade juntos e, socialmente, ele é um dos meus melhores amigos. Jogamos golfe e somos sócios do mesmo clube há 20 anos. As experiências compartilhadas tornam nossa amizade muito profunda. Não consigo imaginar minha vida sem ele."*

– Tony Y., diretor financeiro

- *"Dez anos atrás, conheci Molly em um trabalho comunitário. Descobrimos uma grande paixão em comum: ajudar crianças carentes. De tantos em tantos meses, topávamos uma com a outra e conversávamos um pouco. Com o passar do tempo, começamos a fazer trabalhos voluntários juntas. Há cinco anos, Molly é minha melhor amiga."*

  – Carol C., voluntária

- *"Trabalho numa grande empresa. No tempo que tenho livre, eu e meu grande amigo Joe nos juntamos e bolamos maneiras de melhorar o mundo. Criamos um grupo de conscientização política para os jovens da nossa comunidade. Essa idéia nasceu da nossa paixão pela mesma coisa – nosso modo de ver o mundo e nosso desejo de fazer as coisas acontecerem. Somos almas gêmeas. Sozinhos, não teríamos alcançado nem metade do que alcançamos juntos."*

  – Jason L., profissional de recursos humanos

- *"Eu trabalho em um abrigo para animais. Embora nossa equipe e o grupo de voluntários formem uma mistura eclética, todos temos algo em comum: amamos os bichos. Isso nos mantém motivados a executar nossas tarefas e a nos conhecermos melhor. É muito importante para mim trabalhar em um lugar onde todos compartilham o mesmo interesse."*

  – David C., gerente de operações

Quem são seus Colaboradores?

____

____

____

Fortalecendo seus Colaboradores

- Envie aos seus Colaboradores livros e artigos que agradariam a vocês dois. Em seguida, ligue para eles e discuta esses assuntos. Isso vai lhes dar mais oportunidade ainda de aprofundar interesses comuns.

- Invente maneiras de passar mais tempo com seu Colaborador praticando um hobby de que vocês dois gostem. Talvez vocês possam criar um grupo no trabalho, no bairro ou na igreja baseado nos seus interesses. Por exemplo, se gostam de futebol, organizem um campeonato. Se adoram cinema, planejem uma reunião no dia do Oscar.

- Fique atento a eventos que possam interessar a seus amigos. Troque informações com eles regularmente.

- Declare que, apesar de se encontrarem apenas ocasionalmente por causa de um passatempo ou interesse comum, você gosta de ter alguém que compartilha uma mesma paixão. Diga aos seus Colaboradores que pensa neles sempre que alguma outra pessoa menciona o assunto em questão.

Criando novos Colaboradores na sua vida

- Converse com seus colegas de trabalho sobre seus hobbies. Deixe objetos ou fotografias que demonstrem esse interesse especial bem à vista na sua casa ou no seu escritório para atrair amigos que gostem das mesmas coisas. Se encontrar alguém com um passatempo semelhante, seu relacionamento terá muito mais chances de se desenvolver.

- Participe de eventos, palestras, fóruns e reuniões que lhe interessam. Fique atento aos outros participantes que você conhece de vista. Tente se aproximar deles durante o evento ou combine de se encontrarem para trocar idéias.

- Faça uma lista dos seus interesses, hobbies e paixões. Identifique colegas que cultivem os mesmos interesses. Utilize essa lista como um guia para desenvolver novas amizades.

- Seja voluntário de uma organização com uma missão em que você acredite piamente. Procure na internet ou em jornais locais oportunidades de participar de reuniões ou atividades da organização que escolheu. Você irá encontrar amigos em potencial que estão dispostos a conhecer pessoas com a mesma paixão.

Se você for um Colaborador

- Reserve um tempo para compartilhar histórias e reminiscências. Dividir experiências fortalece os laços de amizade. Não tenha vergonha de recontar uma história – isso pode ser fonte de alegria e diversão.

- Surpreenda seus amigos com coisas que você sabe que lhes agradaria – uma informação, uma receita, ingressos para uma peça. Outras pessoas talvez não percebam os interesses deles com tanta clareza quanto você.

- Pense em maneiras de criar rituais com seu amigo baseadas nos seus interesses em comum. Por exemplo, se vocês dois gostam de futebol, marquem de ir juntos ao primeiro jogo do campeonato todos os anos. Se gostam de trekking, façam um trato de conhecer uma trilha nova todo ano no primeiro dia da primavera. Isso fará com que vocês esperem ansiosos a chegada desse dia e criará boas lembranças e histórias para dividir.

- Convide pessoas que têm interesses parecidos para participar de atividades junto com vocês. Ter amigos em comum vai lhes dar ainda mais assunto para conversar.

- Marque um dia fixo para almoçar ou jantar com seu amigo. Alternem a responsabilidade de escolher o restaurante ou a refeição. Planejar esse tempo juntos irá ajudar a fortalecer o relacionamento.

Companheiro

Um companheiro está sempre do seu lado, sejam quais forem as circunstâncias. Tem um vínculo praticamente indestrutível com você. Quando alguma coisa impactante – boa ou ruim – acontece na sua vida, essa é a primeira pessoa para quem você vai ligar. Às vezes, um verdadeiro Companheiro chega até a perceber que direção seus pensamentos, sentimentos e ações estão tomando antes mesmo de você. Companheiros se orgulham do relacionamento que têm com você e se sacrificam em seu benefício. São os amigos pelos quais você literalmente arriscaria sua vida. Se estiver buscando uma amizade que poderá durar a vida toda, tudo o que você precisa é de um Companheiro.

- *"Luke e eu somos sócios de um restaurante. Começamos como vendedores de uma rede de restaurantes há 20 anos. Um dia, matamos o trabalho e fomos pescar. Naquele dia, decidimos começar um negócio próprio e trabalhamos juntos desde então. Entregaria minha vida nas mãos de Luke. Não há nada que não faríamos um pelo outro. Ele é como um irmão para mim."*

  – John C., dono de restaurante

- *"É muito difícil alguém conquistar minha confiança. Cobro muito de mim mesmo e de todos à minha volta. Quando encontro uma pessoa em quem posso confiar, sei que ela vai ser minha amiga para toda a vida. Meu amigo e colega de trabalho Willy é um exemplo disso. Se ele me pede para fazer alguma coisa, eu faço – sem perguntar por quê. Para você ver quanto confio nele. Por conta disso, adoro trabalhar em grandes projetos com Willy."*

  – Joseph R., engenheiro de projetos

- *"Minha mulher é incomparável. Estamos casados há 35 anos e sabemos tudo um do outro. Adoro meu trabalho e meus amigos, mas, no fim do dia, me sinto um homem de sorte por poder ir para casa e encontrar minha melhor amiga."*

  – Michael J., vice-presidente de vendas

- *"Ben é meu amigo desde o primário. Ele me conhece melhor do que ninguém, exceto minha mulher, e, em alguns aspectos, ainda melhor do que ela. Ele é uma pessoa a quem quero contar coisas importantes imediatamente, sejam elas boas ou ruins. É bom ter alguém com quem eu possa ser completamente sincero e baixar a guarda. Sei que ele sente o mesmo a meu respeito."*

  – John W., administrador

Quem são seus Companheiros?

____

____

____

Fortalecendo seus Companheiros

- Com um Companheiro, você pode ir além dos acontecimentos rotineiros e conversar sobre as coisas mais importantes da vida. Pergunte a ele: "O que mudou em você? Em que aspectos você cresceu? Quais são seus medos? O que deseja para o futuro?" Se investir numa relação mais franca e aberta, poderá se conectar em um nível profundo.

- Tente marcar um encontro mensal com seu Companheiro para fazer algo de que vocês dois gostem. A melhor maneira de fomentar o relacionamento com um Companheiro é valorizar o tempo que você passa com ele.

- Surpreenda seus Companheiros com presentes especiais que combinem com a personalidade deles e demonstrem que você os entende. Pense na possibilidade de escrever um bilhete ou um cartão mostrando o que você sente e o que eles significam para você.

- Crie um ambiente em que seus Companheiros se sintam confortáveis para ser eles mesmos e falar mais sobre suas vidas. Lembre-se de contar tanto as boas notícias quanto as ruins. As coisas boas ficarão ainda melhores se compartilhadas com essas pessoas. E as ruins não parecerão tão esmagadoras se o fardo for dividido.

Criando novos Companheiros na sua vida

- Relacionamentos se aprimoram através de experiências compartilhadas, confiança e um vínculo forte. Considere seus atuais amigos e pense nos relacionamentos que podem ser levados a um nível mais profundo.

- Se você tiver dificuldade de se abrir, comece a compartilhar pequenas coisas e tente mostrar a seus amigos que não é fácil para você ser vulnerável. Esse é um passo pequeno porém importante na direção de relacionamentos mais profundos.

- Lembre-se de que o companheirismo é um papel mútuo – é mais provável se tornar Companheiro de alguém que o veja sob a mesma ótica. Seja um bom ouvinte e permita que Companheiros em potencial ajam com naturalidade.

- Dedique-se a conhecer melhor seus pais, avós, irmãos ou familiares mais distantes. O velho ditado "Você não pode escolher seus parentes" talvez tenha um fundo de verdade, mas vocês também têm uma história em comum e um laço que não pode ser ignorado. Pense em um parente de quem você sempre gostou mas que nunca conheceu muito bem. Essa pessoa pode ter o potencial de se transformar em um verdadeiro Companheiro.

Se você for um Companheiro

- Quando seus amigos estiverem passando por períodos difíceis, esteja presente. Isso ajudará a fortalecer a amizade.

- Tente não ter segredos para seus amigos. Eles acabariam minando a confiança entre vocês.

- Crie um ambiente seguro para seus amigos. Seja compreensivo e solidário, e procure levantar o astral deles. Seus amigos se importam muito com você. É essencial tratá-los com dignidade e respeito.

- Resolva os conflitos com seus amigos o mais rápido possível. Eles têm um papel tão fundamental que qualquer problema que você tenha com eles afetará outras áreas da sua vida.

- Diga aos seus amigos como eles são importantes para você. Pode ser que, por conta do laço forte que os une, você às vezes se esqueça de lhes dizer o que sente por eles.

- Façam algo especial juntos para honrar o vínculo de vocês. Às vezes, no nosso dia-a-dia atarefado e corrido, acabamos não dando o devido valor às pessoas mais próximas. Um presente ou algo especial vindo de você significará muito para elas; portanto, invente algo significativo.

Comunicador*

Um comunicador é um construtor de pontes que o ajuda a conseguir o que quer. Comunicadores conhecem você – e então o apresentam a outras pessoas. São os amigos com os quais você se socializa com freqüência. Aqueles que desempenham o papel de Comunicador estão sempre chamando você para almoços, jantares, drinques e reuniões onde é possível conhecer outras pessoas. Isso aumenta drasticamente sua rede de contatos e lhe dá

* Esse termo foi originalmente cunhado por Malcolm Gladwell em *O ponto de desequilíbrio* (2000).

acesso a recursos inexplorados. Quando você precisa de alguma coisa – um emprego, um médico, um amigo ou um encontro –, o Comunicador indica a direção certa. Ele parece "conhecer todo mundo". Se estiver precisando sair mais ou simplesmente quiser ampliar seu círculo de amizades ou contatos profissionais, um Comunicador pode vir a calhar.

Comunicadores em ação

- *"Quando comecei a trabalhar aqui na empresa, não conhecia ninguém. Então, na segunda semana, conheci Leigh. Ela me pegou pelo braço e me apresentou a todo mundo. Isso tornou meu trabalho muito mais fácil."*

  – Crystal K., gerente de projetos

- *"A cabeça da minha sócia é como um banco de dados de pessoas. É impressionante como ela consegue saber tantas coisas a respeito de todo mundo. Ela faz apresentações baseando-se no que um tem em comum com o outro. Acho que quer conhecer as pessoas melhor – para poder trazê-las para sua rede de contatos. Isso me ajuda a conhecer gente nova sempre que vamos juntas a um evento."*

  – Michelle M., procuradora

- *"Minha mulher desempenha o papel de Comunicadora para mim. Não tinha percebido isso antes por pensar em Comunicadores como relações profissionais. Mas ela administra minha vida social nos fins de semana e acabo conhecendo os maridos das amigas dela. Por acaso, o marido da melhor amiga dela é executivo de um banco que é um dos meus principais clientes. Esse contato me ajudou a fortalecer os laços com um cliente e eu ainda fiz uma nova amizade."*

  – Warren W., gerente de vendas

- *"Adoro aprender coisas novas, mas sou muito tímido e nem sempre corro atrás de oportunidades interessantes. Meu amigo Robert deve saber disso, pois volta e meia me indica conferências, cursos ou workshops que podem aprimorar meu desempenho profissional. Fico grato pelas sugestões, porque aprendo muito nesses cursos."*

  – Dan F., analista financeiro

Quem são seus Comunicadores?

____

____

____

Fortalecendo seus Comunicadores

- Se estiver procurando trabalho ou querendo mudar de emprego, fale com os Comunicadores da sua vida. Muitas vagas são preenchidas ou conseguidas por meio de contatos. Mostre a seus Comunicadores como eles são essenciais para que você consiga formar sua própria rede de contatos sociais ou profissionais. Comunicadores adoram aproximar as pessoas.

- Pergunte aos Comunicadores quais são os melhores restaurantes, salões de cabeleireiro, prestadores de serviço ou revendedoras de automóveis. Eles sempre vão ter respostas e colocarão você em contato com as pessoas certas. Talvez até consigam um bom negócio para você.

- Diga aos seus Comunicadores quais são seus planos para o futuro. Eles vão buscar espontaneamente maneiras de apresentá-lo a pessoas que possam ajudar você a alcançar seus objetivos.

- Lembre-se de agradecer aos seus Comunicadores quando, a partir de uma intervenção deles, você conseguir marcar uma reunião com alguém que deseja encontrar, ou for admitido em uma empresa onde sempre quis trabalhar.

Criando novos Comunicadores na sua vida

- Se um amigo chamá-lo para um evento onde você terá possibilidade de conhecer gente nova, aceite o convite. Se ele for um Comunicador, irá apresentá-lo às pessoas e fazer com que você se sinta à vontade.

- Se você for novo em um trabalho ou estiver deslocado em determinado evento social, faça questão de conhecer as pessoas que parecem conhecer todo mundo. Elas vão gostar de fazer contato com você e apresentá-lo a outras pessoas.

- Se você for tímido ou reservado por natureza e se vir encarregado de uma reunião social ou de negócios em que as pessoas não têm intimidade, convide alguns Comunicadores – eles adoram conhecer estranhos e vão se esforçar para aproximar as pessoas e deixá-las à vontade. Sem falar que ficarão lisonjeados com o convite.

- Se você for extrovertido, procure se aproximar de pessoas que parecem conhecer todo mundo e convide-as para participar de grupos de amigos ou eventos sociais. Elas vão adorar ser convidadas e provavelmente vão retribuir o favor.

Se você for um Comunicador

- Diga a seus amigos que eles podem usá-lo como fonte para conseguir as informações ou pessoas certas para as necessidades deles. Talvez eles fiquem relutantes por achar que estão “abusando”, por isso dê o primeiro passo para tranqüilizá-los.

- Convide amigos para compromissos sociais, festas ou eventos ao quais eles não iriam normalmente. Se eles estiverem passando por um período solitário ou de isolamento, prontifique-se a ajudá-los a se aproximar de outras pessoas. Eles ficarão gratos pela sua força.

- Pense nas pessoas que seus amigos deveriam conhecer. Seus contatos podem ajudá-los a progredir na carreira ou a fazer novas amizades.

- Se seus amigos forem novos na empresa, no clube ou no grupo, apresente-os às pessoas que você conhece. Eles se sentirão gratos e mais bem-vindos. Quando apresentar seus amigos a outras pessoas, fale sobre as coisas que eles têm em comum. Isso vai lhes dar algo sobre o que conversar. Talvez eles não notem essa afinidade tão facilmente quanto você.

- Inclua os nomes, cargos, endereços, e-mails e números de telefone dos seus amigos na sua agenda eletrônica ou no computador. Assim ficará mais fácil passar as informações deles para outros colegas, amigos e familiares.

- Pense em toda a sua rede de amigos. Será que não existem duas pessoas que deveriam se conhecer? Organize um evento e convide esses dois amigos. É uma boa oportunidade de conectar duas pessoas.

Energizador

Energizadores são os "amigos divertidos" que sempre levantam seu astral. Você tem mais momentos positivos quando está com eles. Energizadores fazem de tudo para animá-lo quando você está deprimido – e transformam um dia bom em um dia ótimo. Estão sempre dizendo e fazendo coisas para que você se sinta melhor. Energizadores têm a extraordinária habilidade de descobrir o que desperta seu entusiasmo. Quando está com esses amigos, você sorri com mais freqüência e dá muito mais gargalhadas. Se quiser relaxar e se divertir ou se precisar sair do tédio, chame um Energizador.

Energizadores em ação

- *"Trabalho há 10 anos para um dentista chamado James. Ele anima todos à sua volta. Muitas pessoas têm medo de dentista, mas James consegue tornar as consultas divertidas. O resultado é que meus dias são cheios de risadas. Ele é tão engraçado que nunca sei o que vai aprontar em seguida. Às vezes saio do consultório com a barriga doendo de tanto rir."*

  – Stephanie F., assistente

- *"Julie e eu somos amigas há 20 anos. Quando estou em uma semana particularmente estressante, ela me convida para almoçar. Embora eu geralmente ache que estou muito ocupada e prefira comer alguma coisa voando, esse toque me lembra que é importante parar um pouco para aproveitar a vida. Sempre me sinto preparada para dominar o mundo depois que almoçamos juntas. Ela é muito engraçada e sua companhia é sempre o melhor remédio para mim!"*

  – Ann O., gerente

- *"Às vezes meu trabalho pode ser muito duro. Alguns dias tenho vontade de arrancar os cabelos. Quando estou me sentindo assim, dou um pulo no escritório do Josh e ele sempre me anima com alguma história engraçada ou com as imitações que gosta de fazer. Eu choro de rir. Sempre me sinto melhor depois de dar umas risadas com Josh."*

  – Brian J., diretor de comunicação

- *"Nossa recepcionista parece sorrir para todas as pessoas que entram. Dá pra ver que ela adora seu trabalho. Geralmente chego ao escritório com sono e precisando de uma boa xícara de café, mas quando vejo Phyllis não tenho como não sorrir. Isso pode parecer uma coisa à toa, mas faz diferença no meu dia-a-dia."*

  – Josephine R., editora

- *"Já rodei muito na minha vida e tenho amigos no país inteiro. Erin em especial é uma amiga que me anima. Não nos vemos muito, mas quando temos uma chance de nos encontrar sempre nos divertimos. Aguardo esse dia ansiosamente. Quando preciso fugir da rotina, ligo para ela e ficamos relembrando juntas os velhos tempos e dando boas risadas."*

  – Grace E., administradora

Quem são seus Energizadores?

____

____

____

Fortalecendo seus Energizadores

- Se tiver amigos Energizadores cujas histórias sempre fazem você rir, incentive-os fazendo comentários sobre algumas das melhores e pedindo que eles compartilhem essas aventuras com outras pessoas.

- É fácil nos concentrarmos nos aspectos negativos dos nossos amigos mais íntimos. Com os Energizadores, é especialmente importante manter o foco nas características positivas, para que possamos aproveitar ao máximo a companhia deles e para que continuem a desempenhar esse papel em nossas vidas.

- Quando estiver deprimido ou passando por um período de estresse, seus Energizadores provavelmente tentarão melhorar sua disposição. Relaxe e tente ver o lado bom da situação.

- Ajude seus Energizadores a perceber que as pequenas coisas que fazem todos os dias vão se somando e acabam contribuindo enormemente para a sua felicidade geral. Mostre a eles como a habilidade que têm de aumentar as emoções positivas pode transformar um lar, uma escola ou um local de trabalho.

Criando novos Energizadores na sua vida

- Existem vários tipos de Energizadores. Alguns são extrovertidos e "a alegria da festa", enquanto outros levantam seu astral discretamente. Descubra as pessoas que lhe dão ânimo e passe um tempo com elas.

- Se estiver à procura de amigos que o coloquem para cima, mostre-se aberto a esse tipo de relacionamento. Se um amigo ou colega se esforça para aumentar suas emoções positivas, honre esse esforço rindo de uma piada boba ou retribuindo com um sorriso afetuoso.

- Permita que pessoas com energia positiva se aproximem de você. Fique atento àquelas que o fazem sorrir e geralmente levantam seu ânimo. Esforce-se para passar mais tempo com elas.

- Torne-se um Energizador para as outras pessoas permitindo que seu senso de humor prevaleça em todas as situações. Se for capaz de rir de si mesmo e ajudar os demais a verem o lado bom das coisas, eles retribuirão da mesma maneira.

Se você for um Energizador

- Ligue ou mande um e-mail para seus amigos contando piadas ou notícias engraçadas que os farão rir.

- Incentive seus amigos a ver as coisas que estão dando certo na vida deles. Você pode ajudá-los a se concentrar nos aspectos positivos.

- Quando você desempenha o papel de Energizador, seus amigos consideram sua energia contagiante. Para que possam aproveitá-la, é preciso que eles estejam em contato com você. Quais são os melhores momentos para estabelecer esse contato? Sua energia é mais positiva logo de manhã, quando está descansado, ou no fim do dia, quando o trabalho já acabou?

- Dê um feedback aos seus amigos quando eles precisarem. A influência positiva que você exerce na vida deles tornará esse retorno mais bem-vindo do que se viesse de outras pessoas.

- Ajude seus amigos a tirar miniférias sem sair da cidade. Convide-os para ir ao cinema, almoçar ou se envolver em alguma outra atividade que os faça espairecer e aproveitar a vida.

Instigador

Instigadores são os amigos que expandem seus horizontes e o incentivam a acolher novas idéias, oportunidades, culturas e pessoas. Eles desafiam você a pensar de maneira inovadora e o ajudam a criar mudanças positivas. Instigadores sabem como fazer perguntas, tornando você mais receptivo a idéias. Quando está com um Instigador, você baixa a guarda e expressa suas opiniões em voz alta, especialmente as mais polêmicas, que talvez não se sentisse confortável em dividir com outras pessoas. Esses amigos ampliam sua perspectiva em relação à vida e fazem de você uma pessoa melhor. Se estiver precisando desafiar a sabedoria convencional ou abalar o status quo, passe algumas horas conversando com um Instigador.

Instigadores em ação

- *"Jay é um amigo de longa data. Ele trabalhou como consultor para o governo dos EUA no Cazaquistão. Eu queria visitá-lo e ele sugeriu que eu não fizesse apenas uma visita, mas aproveitasse para me inscrever num programa voluntário. E foi o que eu fiz! Entrei em contato com a agência e calhou de eles estarem precisando de pessoas com experiência na área financeira. Pedi licença no trabalho e ingressei no serviço volun-*

tário por três semanas. Isso é a cara do Jay. Ele disse: 'É, vamos nos divertir, mas por que você não pensa nisso em um contexto maior e a gente faz algo de bom também?' Ele estava certo. Foi uma experiência única e me fez compreender o país muito melhor do que se eu tivesse simplesmente feito uma visita."

– Graham A., vice-presidente de investimentos

- *"Já tive muitos problemas nas costas e nunca tomei a iniciativa de me exercitar e tentar fortalecer essa região. Minha grande amiga Kathy sempre me incentivou a fazer pilates junto com ela. Não achei que ia gostar, por isso resisti. Finalmente disse sim quando ela conseguiu uma aula particular para nós duas. Desde então, tenho praticado duas vezes por semana e nunca me senti tão bem. Jamais teria feito isso se não fosse por Kathy."*

  – Julie R., enfermeira

- *"Richard, um dos meus colegas de trabalho, me ajuda a ter certeza de que minhas decisões estão corretas fazendo boas perguntas. Quando compartilho alguma idéia ou plano com ele, Richard questiona: 'Por que eu deveria acreditar nisso? Me dê um motivo.' Embora às vezes isso possa ser chato, ele me desafia a pensar de maneira diferente ou a encontrar um jeito melhor de agir. Eu o respeito por isso."*

  – Lorraine K., administradora de sistemas

Quem são seus Instigadores?

____

____

____

Fortalecendo seus Instigadores

- Você está num impasse com alguém? Converse com seus amigos Instigadores. Eles podem ajudá-lo a enxergar a situação sob uma nova perspectiva.

- Pare para pensar sobre as conversas com seus amigos Instigadores. Tente não reagir negativamente ou rebater o que eles dizem logo de cara. Em vez disso, deixe a poeira baixar e respeite o ponto de vista deles, mesmo que seja diferente do seu.

- Quando formular idéias ou planos, antes de colocá-los em prática, peça a um amigo Instigador para atuar como advogado do diabo. Seu plano pode ficar muito melhor.

- Troque idéias com seus amigos Instigadores. Eles irão receber de bom grado opiniões que os façam pensar mais. Quando ler um bom livro ou vir um filme interessante, recomende-os aos Instigadores. Isso resultará em conversas estimulantes e provavelmente expandirá suas perspectivas.

Criando novos Instigadores na sua vida

- No trabalho, busque a contribuição de todos fazendo brainstorms e reuniões de criação e análise de projetos. Instigadores virão à tona, idéias ficarão mais claras e sua equipe se tornará mais eficiente.

- Busque pessoas que têm opiniões ou crenças diferentes das suas. Faça perguntas a elas. Procure conhecê-las à medida que tenta entender suas perspectivas.

- Faça uma incursão a algum lugar aonde você nunca foi.

Entre em contato com outras pessoas e diga a elas que você é novo ali e quer aprender mais. Eis algumas sugestões: vá a um evento cultural diferente daqueles que costuma freqüentar, ouça música alternativa ou faça um curso de extensão fora da sua área de estudos ou atuação.

- Diga sim quando um amigo pedir para você fazer algo que foge da sua rotina. Na pior das hipóteses, você terá uma boa história para contar. Na melhor, aprenderá mais sobre você mesmo e sobre seu amigo.

Se você for um Instigador

- Fique atento às opiniões radicais de amigos e conhecidos. Elas podem significar oportunidades de desafiar a sabedoria convencional.

- Incentive seus amigos a questionar as coisas. Quando eles fizerem boas perguntas, ajude-os a refletir e a se concentrar nas respostas.

- A experiência é um ótimo professor. Busque oportunidades de abrir mentes através da experiência em vez de tentar convencer as pessoas com palavras.

- Dê ouvidos aos pensamentos e opiniões dos seus amigos. Divida suas idéias com eles. Essas trocas serão estimulantes para todos. Abandone a conversa fiada e concentre-se em assuntos importantes. Seus amigos esperam que você vá além da superfície e pense grande.

- Convide seus amigos para eventos e oportunidades educativas que eles não buscariam por conta própria, e discuta a experiência com eles depois. Essa troca irá gerar boas conversas e vocês aprenderão mais a respeito dos outros.

Guia

Guias são os amigos que dão conselhos e mantêm você na direção certa. Você os procura quando precisa de orientação e eles debatem os prós e os contras da situação até você encontrar uma solução. Nos momentos difíceis, você precisa de um Guia do seu lado. Eles o ajudam a vislumbrar um futuro positivo, mantendo, ao mesmo tempo, os pés no chão. Sempre que tiver de tomar uma decisão complicada, pode contar com um Guia. Eles o ajudam a descobrir quem você é – e quem você não é. São os amigos perfeitos para compartilhar seus objetivos e sonhos, fazendo com que você cresça e aprenda continuamente. Quando você pede informações a um Guia, ele o ajuda a chegar ao seu destino.

Guias em ação

- *"Andy tem sido meu mentor há décadas. Depois que perdi meu último emprego, nós saímos para jantar e passamos o tempo todo conversando sobre o meu futuro. Eu recorro a Andy quando minha vida está muito confusa e ele me ajuda a pensar com mais clareza."*

  – Bill R., gerente de compras

- *"Nunca tomo uma decisão importante sem antes falar com a minha mulher. Ela sabe instintivamente o que é melhor para mim. Acho que foi por isso que me casei com ela."*

  – Tyrone D., agente de seguros

- *"Tenho uma amiga que sempre me ajuda quando estou num impasse. Trabalhei numa empresa por sete anos e não sabia bem para onde iria depois. Eu havia acabado de concluir o mestrado e estava pesando os prós e os contras de um emprego que tinha em vista. Minha amiga apresentou uma série de razões por que eu deveria ir em frente e me assegurou que aquele era um risco que valia a pena correr. Apreciei a habilidade dela de apoiar minha decisão e de apontar os motivos certos. Acabei ficando com o emprego e não poderia estar mais feliz."*

  – Bonnie R., administradora hospitalar

- *"Embora eu tenha uma boa visão das coisas que desejo, nem sempre sei como concretizá-las. Certa vez, estava reclamando com meu amigo Joel que me sentia estagnada no trabalho e não sabia o que fazer para chegar aonde eu queria. Ele perguntou quais eram os meus objetivos, pegou uma caneta e começou a escrever em um guardanapo. Ainda carrego esse guardanapo comigo e trabalho para alcançar esses objetivos todos os dias."*

  – Ayanna B., coordenadora de treinamento

Quem são seus Guias?

____

____

____

Fortalecendo seus Guias

- Se estiver passando por um período em que precisa tomar grandes decisões, discuta suas idéias com seus amigos Guias. Eles o ajudarão a considerar todas as possibilidades, inclusive as armadilhas em potencial.

- Pergunte aos Guias sobre os percalços que eles encontraram no caminho e as respectivas lições que aprenderam. Eles provavelmente não se limitarão a dar um conselho, mas revelarão também o que enfrentaram para chegar aonde chegaram.

- Divida seus sonhos com seus Guias. Ao verbalizar seus desejos e esperanças, você aumenta a probabilidade de que eles se realizem. Seus amigos vão gostar de conhecê-los e talvez tenham algumas boas idéias para que você dê o primeiro passo para concretizá-los.

- Se estiver em uma situação delicada, recorra a seus amigos Guias. Eles irão ajudá-lo a se livrar do problema com elegância e dignidade.

Criando novos Guias na sua vida

- É muito provável que você tenha um membro na família que é um Guia. Pergunte aos seus avós, pais, tias e tios sobre os acontecimentos mais transformadores da vida deles. Converse com eles sobre uma decisão que você precisa tomar.

- Peça às pessoas que você admira para serem suas mentoras. Descubra como elas chegaram onde estão. Faça perguntas. Elas provavelmente se sentirão honradas e farão questão de pensar sobre a sua carreira ou trajetória de vida regularmente.

- Descubra quais são as experiências de vida e os interesses dos seus amigos. Isso vai ajudá-lo a identificar aqueles que poderão guiá-lo em diferentes etapas da sua existência.

- Aconselhe-se com as pessoas que você respeita, como padres, médicos ou ex-professores. Eles estarão munidos das melhores intenções ao ajudá-lo a lidar com o problema em questão.

Se você for um Guia

- Quando reveses temporários ou pequenos obstáculos prejudicarem o discernimento dos seus amigos, ajude-os a ver o panorama mais amplo. Colocar os acontecimentos presentes em perspectiva pode aliviar o sofrimento deles e fazer com que se dediquem a melhorar a situação em que se encontram. Compartilhe uma experiência semelhante da sua própria vida, se possível.

- Seus amigos talvez queiram sondar suas reações em relação a algum assunto. Ouça-os e dê conselhos. Fique atento a oportunidades que possam ajudá-los a alcançar seus objetivos e informe-os a respeito delas.

- Se seus amigos estiverem enfrentando um dilema na tentativa de escolher o caminho certo, ajude-os a pensar sobre as possíveis conseqüências com mais clareza e a descobrir a melhor opção a fazer.

- Quando seus amigos tomarem decisões importantes ou alcançarem sucessos, busque maneiras de comemorar as conquistas deles. Eles valorizarão esse reconhecimento.

- Compartilhe seus sonhos e visões com seus amigos. Isso vai inspirá-los a pensar nos próprios sonhos.

PARTE QUATRO

CONSTRUINDO AMIZADES VITAIS NO TRABALHO

capítulo 12

LAÇOS FAMILIARES

Quando converso com pessoas que amam o que fazem e possuem amizades vitais no emprego, elas sempre comentam que seu grupo de trabalho é como uma família. Os membros da equipe se importam uns com os outros, ouvem, compartilham segredos, falam sobre as últimas notícias, têm discussões acaloradas, às vezes sentem ciúmes e até choram juntos. Em alguns momentos esses grupos parecem mais uma família problemática, mas isso é melhor do que não ter família alguma.

Do alto dos seus 18 anos, Chris, supervisor de departamento de uma grande cadeia varejista em Houston, faz tudo parecer muito fácil. Ele dedica a maior parte do seu tempo e atenção a construir um ambiente familiar no trabalho. Todas as manhãs, Chris faz questão de perguntar como as pessoas estão em vez de despejar ordens. Ele enche a boca para dizer: "Nós tocamos os negócios *juntos*." O jovem supervisor sabe que essa abordagem está dando certo – não só porque a equipe dele está gerando mais lucro, mas por conta do entusiasmo no ar. Sem saber que muitos dos seus antecessores passaram décadas sem colocar essa mentalidade gerencial em prática, Chris afirma: "São as pessoas à sua volta que fazem com que você se sinta apaixonado pelo seu trabalho."

Como Chris sabe, se os funcionários estiverem distantes dos seus colegas, não produzem muito e a probabilidade de largarem o emprego é maior. De acordo com nossos estudos, ser ignorado é um dos estados psicológicos mais prejudiciais para um ser humano. É ainda pior do que ser maltratado no trabalho. Se o seu chefe o ignora, a chance de você se empenhar no trabalho é 1 em 50.

De todos os itens que pedimos para as pessoas comentarem, este foi o que se mostrou mais relacionado à satisfação no emprego: "Meu grupo de trabalho é como uma família." Pessoas que têm a sorte de trabalhar em uma equipe com laços semelhantes aos de uma família relatam ter amizades mais sólidas em todas as áreas. Elas têm muito mais chance de acompanhar o que está acontecendo no trabalho e percebem com clareza como os clientes se beneficiam com seus relacionamentos íntimos.

Parentes distantes?

Menos de um em cada quatro funcionários diz que seu grupo de trabalho é "como uma família".

Jean, que gerencia uma grande central de atendimento, descreve como é fácil para ela construir uma atmosfera familiar. Ela considera quase todos os seus funcionários "velhos amigos" e faz questão de estimular o diálogo entre os integrantes da equipe, seja sobre trabalho ou outros assuntos. Jean e o marido costumam convidar toda a equipe para jantar na casa deles várias vezes por ano, e ela notou que os colaboradores passaram a fazer o mesmo entre eles. Por conta disso, seu grupo sempre inventa motivos para se reunir e comemorar e diz que essa estratégia resultou em índices recordes de permanência e desempenho.

De acordo com a nossa pesquisa, estamos aproveitando apenas uma pequena fração do potencial de crescimento que há no desenvolvimento de amizades. Dentre 10 pessoas que participaram das enquetes do Gallup, apenas duas passam algum tempo com os colegas fora do local de trabalho e somente 1 entre 10 desenvolveu amizades na empresa visando melhorar seu desempenho. As poucas pessoas que pensam conscientemente em construir amizades no ambiente profissional sentem-se 2,5 vezes mais satisfeitas com seus empregos.

capítulo 13

O EFEITO CAFEZINHO

De acordo com a nossa pesquisa, locais de trabalho com áreas onde funcionários podem se reunir – como refeitórios, lanchonetes ou salas de descanso – possuem duas vezes mais pessoas com grandes amigos no emprego. Se você estiver envolvido na criação do projeto arquitetônico de uma empresa ou na reestruturação de um espaço que já existe, pense nisso como uma oportunidade de capitalizar o "efeito cafezinho", criando mais diálogo entre os colaboradores.

Além das descobertas sobre os refeitórios e salas de descanso, nossa pesquisa revelou que, nos locais de trabalho com um layout físico que facilita a socialização das pessoas, há um número significativamente maior de amizades. Na verdade, os efeitos desses fatores ambientais são muito mais fortes do que havíamos imaginado inicialmente. Você tem três vezes mais chance de criar uma equipe mais unida nesse tipo de ambiente físico. Infelizmente, apenas um terço das pessoas que entrevistamos acha que a disposição do seu local de trabalho favorece a socialização.

Salas de descanso

A existência de espaços para as pessoas se reunirem pode dobrar a chance de se ter um grande amigo no trabalho.

O Terminal

No final da década de 1990, a Best Buy, uma gigante do setor varejista nos Estados Unidos, mal conseguia acompanhar seu próprio crescimento. Com sede na área de Minneapolis, a administração da Best Buy encontrava-se espalhada por 14 localidades diferentes, o que representava um grande desafio para essa organização centrada nas pessoas. Os diretores da companhia calcularam que era hora de construir uma nova sede e juntar todos os 14 escritórios em uma só localidade. Eles sabiam que seria necessário um design muito inovador para estimular o diálogo e o trabalho de equipe em um prédio de 150 mil metros quadrados que precisava abrigar 7.500 funcionários.

A Best Buy decidiu usar como modelo o layout de um aeroporto, com terminais interligados. Também chamaram os prédios de Terminal A, Terminal B e assim por diante, e construíram o núcleo central, ou Terminal Principal, que abriga três zonas, batizadas de Parque, Café e Bairro.

Quando você chega ao Terminal Principal da Best Buy, a primeira coisa que nota é a entrada movimentada. O único acesso para visitantes e funcionários vindos da gigantesca garagem é a passagem que corta o Terminal Principal. Mesmo os funcionários que trabalham no Terminal D têm que entrar por essa área comum – embora isso não seja muito prático. Depois de passar pela agitada área de segurança, você se vê no meio de um saguão enorme. O Terminal Principal tem um pé-direito de quase três metros, é cercado por paredes de vidro e sua área equivale a cerca de quatro quarteirões.

Todas as manhãs, as mesas cobertas do pátio se encontram ocupadas por pessoas conversando, lendo jornal ou trabalhando em seus laptops. Um pouco adiante há uma cafeteria com pessoas batendo papo enquanto esperam ser atendidas. Um dos motivos para o local estar sempre cheio é que não há outro lugar em todo o complexo onde os funcionários possam tomar café. Em vez de colocar máquinas de café em cada andar e em todos os prédios, a Best Buy força as pessoas a irem ao Terminal para suas doses diárias de cafeína.

Do outro lado dessa área principal há mesas de totó e de sinuca e vários consoles de videogame próximos às grandes janelas de vidro. Logo adiante há uma quadra de vôlei de areia. Nada disso é exclusividade da Best Buy – o ambiente é semelhante ao de uma empresa de alta tecnologia, especialmente as da região próxima à Baía de São Francisco. Infelizmente, em muitas empresas pontocom as áreas de entretenimento para funcionários são apenas de fachada. Quase nunca se vê alguém usando as mesas de totó, embora elas apareçam em vários dos seus folhetos de recrutamento. Porém, na Best Buy as pessoas realmente jogam totó e sinuca e, geralmente, todos os videogames estão ocupados. E, do lado de fora do Terminal Principal, há uma loja de presentes, um banco, uma farmácia, uma academia, uma clínica, uma lavanderia e uma creche.

O Terminal Principal também possui uma instalação para reuniões e treinamento. Em vez de se deslocarem para um hotel ou centro de conferências, os funcionários utilizam esse espaço para encontros mais longos. Ele tem vários sofás grandes em volta de uma lareira, um córrego fluindo entre pedras e várias salas de reunião. Ninguém tem um escritório cativo nesse local; ele está disponível para todos.

Embora seja impossível mensurar o exato impacto da área de integração gigante da Best Buy, fica claro que ela estimula milhares de encontros adicionais e diálogos todos os dias. Conforme explicou um dos funcionários: "Sempre parece haver uma energia no prédio."

Derrubando paredes

Você tem três vezes mais chance de criar um grupo de trabalho unido se o ambiente físico favorece a socialização.

Infelizmente, apenas um terço das pessoas que entrevistamos afirma trabalhar em um ambiente desse tipo.

A Best Buy não está sozinha. No decorrer da última década, muitas organizações projetaram seus prédios de modo a incentivar o diálogo e a interação entre os colaboradores. Uma das maiores empresas de software do mundo usou um grande navio como modelo para a sua sede. O prédio tem a forma de um barco longo e estreito dentro de uma redoma de vidro. Todos os funcionários, incluindo os principais executivos, ficam em uma baia iluminada de ambos os lados por luz natural – o que é um privilégio.

De acordo com a nossa pesquisa, cerca de um terço dos trabalhadores fica confinado no seu local de trabalho, sem acesso a qualquer outra vista – e as pessoas desse grupo têm 86% mais chance de não se empenharem em seus empregos. A boa notícia é que os empregadores finalmente entenderam a importância da arquitetura e estão levando isso em conta ao construir suas sedes. A má notícia é que muitos profissionais trabalham em prédios antigos, projetados na época em que os escritórios tinham mais paredes e as pessoas eram premiadas com salas luxuosas e afastadas, que criavam uma distância maior das massas.

Se você trabalha em um prédio com uma arquitetura deficiente, precisará de um pouco mais de esforço e criatividade para promover amizades vitais. Muitas organizações dependem de cafezinhos "virtuais". Ou seja, incentivam as pessoas a travar conversas onde quer que estejam, ajudando os demais a se aproximar. Eventos regulares em que as pessoas possam se encontrar e conhecer mais gente também são uma boa solução nesses casos. Corporações que possuem muitos "grandes amigos" estão sempre experimentando coisas novas: horas de socialização semanais ou mensais, jantares na casa dos gerentes para reunir a equipe, participação em eventos culturais ou esportivos, envolvimento em grupos de serviços comunitários ou grandes festas em feriados e ocasiões especiais. Esses locais de trabalho possuem uma coisa em comum: estimulam a conversa entre seus colaboradores.

capítulo 14

CONECTANDO-SE

Imagine o seguinte: uma pessoa que você conheceu recentemente o convida para jantar na casa dela e você aceita. Na noite de quarta-feira, você chega na hora marcada. Conforme o esperado, seu anfitrião abre a porta e pede que você entre. Então indica a direção da sala de jantar e vai para o lado oposto, dizendo que já volta. Um pouco surpreso com essa falta de hospitalidade, você procura e acaba encontrando a sala.

Depois de uns 15 minutos de espera, você cansa de ficar de pé e senta à mesa. Uma mulher e duas crianças pequenas estão vendo televisão em um cômodo próximo, mas não dão importância à sua presença. Uma das crianças olha para você por alguns instantes, dando-lhe um pouco de esperança, mas depois segue para a cozinha sem lhe dizer uma palavra.

Trinta minutos depois, o sujeito que o convidou para jantar ainda não voltou. Embora àquela altura você provavelmente já tivesse ido embora, a cena é tão bizarra que você decide ficar por curiosidade, para saber o que há de errado com aquela família.

Então, quando você acha que já viu tudo, seu anfitrião finalmente entra na sala de jantar carregando uma pilha de livros e manuais. Ele os coloca na mesa e diz alegremente: "Me avise se tiver alguma dúvida", e vai embora. Você começa a examinar o material e vê o título: *Como usar seu fogão a gás*. O manual seguinte é intitulado: *KRC 542: Forno de microondas*. O resto da pilha contém alguns livros de culinária.

Essa história, embora fictícia, é muito parecida com o que acontece com vários funcionários ao entrar em uma nova empresa. Eles basicamente recebem instruções de como fazer a própria comida e são abandonados. Pergunte a Stephen, um gerente de projetos que pensou que tinha finalmente encontrado o emprego ideal. Embora o novo cargo exigisse que ele se mudasse para uma localidade a mais de 800 quilômetros de distância da sua cidade natal, Stephen agarrou a oportunidade depois de conversar com o entrevistador. Ele tinha certeza de que iria adorar o trabalho e estava muito empolgado quando chegou.

No primeiro dia, alguém dos recursos humanos mostrou a Stephen seu escritório, lhe entregou alguns manuais de produtos e mandou que ele os lesse. Durante a primeira semana, ele só fez isso: examinar manuais. Todos os dias, por volta do meio-dia, Stephen esperava que alguém o convidasse para almoçar no restaurante da empresa para que não tivesse que comer sozinho. Isso nunca acontecia. Ninguém apareceu para conversar ou ajudá-lo a se familiarizar com o novo emprego e a nova cidade. Na segunda-feira seguinte, ele falou que estava "doente" e faltou ao serviço. Fez a mesma coisa na terça. Então, na quarta, Stephen pediu demissão depois de 10 dias na empresa.

Essa história demonstra por que é essencial que as pessoas recém-chegadas a um grupo sejam conectadas a uma rede de amigos em potencial imediatamente. Uma vez estabelecidos, esses vínculos pessoais geralmente são duradouros. Os melhores cursos on-line e de ensino à distância exigem que os alunos passem algumas semanas juntos antes de começarem a se comunicar virtualmente. Depois que você conhece alguém cara a cara, o trabalho à distância com essa pessoa pode se tornar muito eficiente. Sem esses laços pessoais, você estaria trabalhando, de certa maneira, com desconhecidos.

Uma empresa de serviços para a qual trabalho costuma, de tempos em tempos, reunir um grupo de 15 a 30 novos profissionais em um determinado local e oferecer duas ou três semanas de aprendizado e socialização. Eles levam o grupo para jantares, eventos esportivos e outras atrações. Isso cria vínculos entre os colegas de trabalho que duram décadas – mesmo quando eles são transferidos para outras cidades. De acordo com a nossa pesquisa, organizações que ajudam novos funcionários a fazer amigos dobram a chance de que eles se sintam satisfeitos no emprego.

Desconectado?

Apenas um em cada quatro funcionários teve ajuda para fazer novos amigos quando começou no emprego mais recente.

Outras empresas possuem programas que juntam recém-contratados com mentores ou conselheiros que devem cuidar do desenvolvimento pessoal e profissional desses novos funcionários. Uma divisão da Procter & Gamble – uma gigante da área de alimentos, produtos de higiene e de limpeza – exige que os recém-contratados passem uma hora inteira conversando com cada um dos integrantes da equipe para a qual estão entrando. Os funcionários são orientados a falar sobre amigos, família, hobbies e outros interesses externos – *qualquer assunto relacionado a trabalho é proibido* durante essa primeira hora. Conseqüentemente, os novos colaboradores conseguem se integrar ao grupo e estabelecer relações de confiança muito mais rapidamente do que em seus empregos anteriores. E quando dúvidas ou problemas surgem mais adiante, eles têm mais facilidade de fazer perguntas. Nas palavras de um dos funcionários: "Isso tornou mais fácil para mim, um recém-chegado, me envolver no trabalho e buscar conselhos."

Conectando-se antes das reuniões

Quer você adore ou deteste reuniões, elas oferecem uma chance de conhecer seus colegas. Porém, quando uma reunião começa, a maioria de nós tende a ir direto ao assunto. Eu também sou impaciente e não suporto encontros que se estendem desnecessariamente. No entanto, sempre que você tiver pessoas novas no grupo – ou que não vê há muito tempo –, vale a pena começar de maneira diferente.

Um ex-gerente que tive, Don, abria todas as reuniões com uma atividade. Ele achava que as pessoas deveriam se conhecer antes de mergulhar na pauta. A primeira coisa que Don fazia era distribuir pedaços de papel para todos na sala. Cada folha tinha os seguintes tópicos impressos na parte de cima: nome, hobbies, conquistas pessoais e conquistas profissionais. Em seguida, Don pedia que todos respondessem às quatro perguntas abaixo:

- *Como você prefere ser chamado?*
- *Quais são suas atividades ou seus hobbies favoritos fora do trabalho?*
- *Qual foi sua conquista pessoal mais recente?*
- *Qual foi sua conquista profissional mais recente?*

No começo, achei aquilo um pouco estranho e talvez uma perda de tempo, mas certamente essa atividade fez com que nosso grupo se conhecesse melhor e se ambientasse antes de atacar assuntos profissionais urgentes. Até me ajudou a lembrar os nomes das pessoas. Depois de algum tempo, passei a notar determinados colegas que compartilhavam os meus interesses, o que levou a conversas após o expediente. Algumas das minhas amizades mais sólidas no local de trabalho começaram dessa maneira, sendo que dificilmente teríamos nos aproximado se Don não tivesse iniciado cada reunião com aquelas perguntas.

Essa é uma das formas mais simples de fazer uma amizade vital no ambiente profissional – descobrir um colega com interesses e crenças comuns. Os melhores grupos de trabalho que estudamos travam conversas acaloradas e discussões por e-mail sobre assuntos não relacionados ao serviço. Isso ajuda a aproximar o grupo e o fortalece.

REFLEXÕES FINAIS

Nas suas últimas horas de vida, Franklin Delano Roosevelt estava pensando sobre a próxima grande fronteira, que ele considerava essencial para a sobrevivência da civilização: cultivar a ciência das relações humanas. Baseando-me na pesquisa que conduzimos para este livro e nas pesquisas de acadêmicos de ponta, nas observações das pessoas que entrevistamos e nas minhas experiências pessoais, acredito que o presidente Roosevelt tinha razão. Existe um potencial vasto e inexplorado se formos capazes de melhorar a qualidade dos nossos relacionamentos.

No decorrer da minha vida, não me importei muito com meus relacionamentos mais íntimos. Alguns anos atrás, se você me perguntasse se eu *precisava* de amizades mais sólidas, a resposta seria um não retumbante. Eu já tinha várias relações pessoais fortes e alguns bons amigos no trabalho. Além do mais, não via motivo para que meu trabalho e meu círculo de amizades pessoais se cruzassem – parecia mais saudável mantê-los separados.

Meu palpite estava errado. Pensando em retrospecto, eu vinha cuidando mal de diversas amizades. Elas não estavam de forma alguma perdidas, mas eu investira muito pouco tempo no aprimoramento de grandes relacionamentos. E não me dedicara muito a tentar criar novos amigos. Aparentemente, essa é a regra. Um estudo de 2001 revelou que até mesmo as pessoas *mais solitárias* não percebem que necessitam de mais apoio social.

Depois de pensar bastante sobre a minha própria situação, descobri várias amizades vitais piscando no meu radar: amigos da faculdade que sempre abriram minha cabeça para novas idéias e opiniões políticas; pessoas com as quais eu não falava com freqüência, mas que sempre estiveram presentes para dar ótimos conselhos nas horas mais importantes; colegas "divertidos" que se revelaram grandes Energizadores; diversos Colaboradores que se tornavam amigos; e até mesmo alguns laços familiares, cuja vitalidade eu havia subestimado imensamente. Descobri que precisava, com urgência, encontrar alguns Comunicadores que me ajudassem a sair da minha caverna de vez em quando.

A partir do momento que comecei a entender os papéis essenciais que as amizades representam para nós, minha perspectiva mudou rapidamente. Ao conversar com meus amigos sobre as contribuições que eles dão para a minha vida, descobri que isso levantava o ânimo deles até mais do que o meu. Mais tarde, tive a mesma sensação de orgulho quando outras pessoas explicaram os Papéis Vitais que eu desempenhava na vida delas. Cada uma dessas conversas foi um momento fundamental nos nossos relacionamentos, pois se concentraram nos pontos fortes das nossas amizades e geraram expectativas mútuas claríssimas.

Quando você começar a olhar para as suas próprias amizades sob um novo ângulo, espero que tenha uma experiência igualmente boa. Com base nas entrevistas que conduzimos com grupos de amigos, percebemos que podem acontecer as seguintes mudanças quando você fortalece suas amizades vitais:

- melhora na sua saúde física;
- mais felicidade no cotidiano;
- maior empenho e conquistas no trabalho;
- expectativas mais claras entre você e seu parceiro, parentes, amigos e colegas de trabalho.

O desenvolvimento de amizades vitais pode melhorar inúmeros aspectos da sua vida se, e apenas se, você dedicar sua atenção aos papéis positivos que as pessoas *desempenham* nela, em vez de se concentrar no que elas *não* lhe trazem de bom. Esse segredo vai ajudá-lo a revelar o potencial intrínseco a cada amizade.

Comece agora. Mantenha o foco nas *suas contribuições*. Embora a Classificação dos Amigos Vitais concentre-se no que diferentes amigos trazem para a sua vida, é essencial que você descubra o que acrescenta à vida de cada um deles. Independentemente de você querer fazer mais amizades ou criar vínculos mais fortes, ou ambos, esse é um passo fundamental. Todas as amizades envolvem dar e receber – e o que você *dá* é provavelmente mais poderoso do que aquilo que recebe.

APÊNDICES E REFERÊNCIAS

apêndice A

SUAS PERGUNTAS

Se você começou a explorar os papéis que diferentes amigos desempenham na sua vida, é provável que tenha algumas perguntas. Nas próximas páginas, você irá encontrar respostas às dúvidas mais comuns que chegaram a mim. Espero que essa seção seja útil para você, ajudando-o a conversar com seus amigos sobre esse assunto.

Em seguida, o estudo de caso no apêndice B oferece uma resposta mais elaborada às perguntas mais comuns que ouço de líderes de organizações. Eles geralmente estão ávidos por saber por que os relacionamentos, especialmente entre líderes e seus subordinados, são tão ruins hoje em dia. E querem entender o que pode ser feito, em um nível empresarial, para tratar essa epidemia.

P: Se nenhum dos meus amigos representa um determinado papel, devo procurar alguém que o faça?

R: Cada Papel Vital está relacionado a um aumento na satisfação com a vida e ao engajamento no trabalho. Assim, seria bom para você que cada um deles fosse desempenhado por, pelo menos, um amigo. Por exemplo, algumas pessoas disseram que muitos dos seus amigos atuam como Energizadores, enquanto nenhum faz um outro papel – o de Guia, por exemplo. Se encontrar resultados semelhantes, essa é uma oportunidade para refletir por que você busca um único tipo de contribuição nas suas amizades, ou, mais importante ainda, se não estaria impedindo que seus amigos cumpram determinada função que não está sendo desempenhada por ninguém. No exemplo em questão, se você não tem nenhum Guia no seu círculo de amizades, pergunte-se até que ponto tem aceitado ajuda ou conselho de seus amigos.

P: Qual a importância de identificar os Papéis Vitais dos meus amigos?

R: O propósito é fomentar o debate sobre os aspectos positivos dos relacionamentos com as pessoas mais importantes da sua vida. A Classificação dos Amigos Vitais só tem valor se levar ao diálogo com amigos, colegas de trabalho e entes queridos.

O Instituto Gallup vem realizando classificações há décadas e nós descobrimos que se uma classificação desse tipo é feita fora de um contexto educativo, não vale muita coisa. Existem milhares de "testes" baratos à disposição, especialmente com o crescimento da internet. Poucos são bons, mas se não tiverem alguma função educativa, mesmo os melhores se tornam horóscopos pavoneados. Queremos nos certificar de que seus amigos entendam o conceito e o poder das amizades vitais, em vez de simplesmente fazerem um teste ligeiro (como aqueles que você recebe por e-mail ou vê em revistas).

Dar este livro para seus amigos, ou simplesmente recomendá-lo, é uma forma de dizer a eles como são importantes na sua vida. Além disso, você estará lhes oferecendo uma oportunidade de analisar as próprias amizades.

P: E se eu estiver sempre muito ocupado? Como posso investir em amizades?

R: A maior possibilidade de desenvolvimento está nas grandes amizades que você já possui. Pense nos seus melhores amigos tanto no local de trabalho quanto na sua vida pessoal. Inicialmente, dedique sua atenção a oportunidades que possam intensificar esses relacionamentos.

Se estiver tentando fazer novas amizades, comece no ambiente de trabalho ou no local em que você passa mais tempo. Convide amigos em potencial para atividades nas quais você já está envolvido. Maximize seu tempo incluindo pessoas que gostaria de conhecer melhor em almoços ou eventos da empresa. Não é possível ampliar seu círculo de amigos sem investir tempo, mas você pode aproveitá-lo melhor integrando uma atividade que já está fazendo à oportunidade de criar ou desenvolver uma amizade.

P: Existem amigos que seria melhor eu não ter – amigos que não são "vitais"? Como reconhecê-los?

R: Se algum dos seus relacionamentos baseia-se em negatividade ou se concentra no que cada pessoa *não* está trazendo para a amizade, tente transformá-lo em algo positivo através do diálogo e de ações conscientes. Se isso não der resultado depois de um longo período, talvez seja hora de desistir. Uma pessoa que traz constantemente negatividade para sua vida não é um amigo vital.

P: A proximidade é importante nas amizades vitais? Amigos precisam morar perto um do outro?

R: No começo, nossa equipe de pesquisadores achou que a proximidade seria uma das questões mais importantes num relacionamento. E ficamos imaginando se a ênfase cada vez maior em "equipes virtuais" não estaria diminuindo a chance de fazer amigos no trabalho, por exemplo.

Nos nossos primeiros testes de Classificação dos Amigos Vitais, incluímos diversos itens dedicados ao impacto da proximidade dos amigos na satisfação com a vida e no empenho no trabalho. As correlações foram pouco expressivas – indicando que estar perto fisicamente não tinha uma influência-chave nos resultados. Outros estudos chegaram a conclusões semelhantes. Um deles revelou que a proximidade não gera afeto, apenas amplifica o efeito de outras variáveis.

Isso certamente não minimiza o papel da proximidade em relações mais casuais. Ela é importante, mas talvez não tanto para as amizades vitais. *A proximidade é importante no período de formação das amizades, mas não necessariamente na preservação delas.* Laços fortes permanecem fortes apesar da distância. O fato de se estar longe pode fazer com que a amizade se estabeleça mais lentamente. No entanto, havendo tempo suficiente para desenvolvê-la e oportunidades de interação entre as duas pessoas, a proximidade pode não se revelar determinante.

P: Dois dos meus amigos desempenham o mesmo Papel Vital na minha vida. Como posso compará-los?

R: Cada amigo é único e traz coisas diferentes para a sua vida. Dois amigos que desempenham o mesmo papel podem contribuir de formas muito diferentes no que diz respeito às coisas específicas que fazem para você. A Classificação dos Amigos Vitais foi desenvolvida para aumentar a qualidade de um relacionamento interpessoal através do diálogo, e não para comparar os papéis de dois amigos diferentes.

P: Ter um amigo íntimo no trabalho faz mesmo com que eu me sinta mais satisfeito com o meu salário?

R: Em 2003, estudamos pessoas na mesma faixa salarial para compreender a correlação entre amizade e impressões sobre o salário. Descobrimos que funcionários que têm amigos íntimos no trabalho possuem uma percepção muito mais favorável sobre seus salários, se comparados a pessoas sem grandes amigos no emprego. A melhora na maneira de encarar o salário era significativa: cerca de 1,75 a 2 vezes maior do que no caso de empregados que afirmavam não ter fortes laços no serviço. Isso foi ainda mais visível entre as pessoas de baixa renda, chegando a um aumento de 200% para as faixas salariais mais baixas. Esses números sugerem que amizades íntimas no trabalho podem fornecer uma espécie de compensação imaterial para os funcionários.

P: Vale mesmo a pena se concentrar em amizades que já são fortes?

R: Sim. No decorrer do nosso estudo, descobrimos que as pessoas que "concordavam plenamente" com a afirmação "Eu tenho um grande amigo no trabalho" sentiam-se significativamente mais satisfeitas com a vida do que aquelas que apenas "concordavam" ou eram "neutras". A enquete também indicou que 48% das pessoas são ou neutras ou pouco mais do que neutras em relação à satisfação geral com seus relacionamentos – suas amizades são boas, mas não necessariamente vitais.

Ter as expectativas corretas em relação aos seus amigos é essencial. Se suas expectativas não estiverem alinhadas com o que eles são capazes de fazer, o relacionamento estará condenado. Mas, se estiverem de acordo com aquilo que cada pessoa pode trazer para sua vida, a amizade tem tudo para prosperar.

Tente fazer o seguinte e observe o que vai acontecer:

Se tiver um amigo que não é do tipo que o estimula a enfrentar novos desafios, mas que, por outro lado, é fiel e capaz de guardar segredo, faça dele seu maior confidente e procure outra pessoa para ajudar você a concretizar seus sonhos.

Se tiver um amigo que sempre lhe dá bons conselhos, recorra a ele quando precisar de orientação. Não procure alguém que, apesar de compreensivo, não lhe oferecerá ajuda efetiva. Conte com ele quando precisar de um amigo que o aceite como você é.

Se estiver desempregado e precisando de trabalho, converse com aquele amigo que possui uma ampla rede de contatos. Não peça ajuda ao mais tímido, que talvez não tenha muitos relacionamentos.

P: Tenho muitas responsabilidades familiares. Como me concentrar nas amizades se minha família absorve tanto o meu tempo?

R: Os membros da sua família provavelmente são alguns dos seus amigos mais vitais. Faça dessa uma oportunidade para fortalecer os relacionamentos com seu marido ou sua esposa, seus filhos, pais, irmãos ou outros parentes. Não deixe de dizer a essas pessoas o que elas significam na sua vida. Muitas vezes, mostramos nosso melhor lado para desconhecidos e amigos de fora de casa, mas nos sentimos tão seguros no ambiente familiar que não nos esforçamos do mesmo modo para desenvolver amizades dentro dele. Aproveite para refletir sobre todos os seus relacionamentos e passar mais tempo com as pessoas mais próximas de você.

P: Tenho a impressão de que seria meio constrangedor conversar com meus amigos sobre a importância deles na minha vida. Alguma sugestão?

R: De acordo com a nossa pesquisa, quando você revela a alguém como estima sua amizade, isso melhora drasticamente o relacionamento. As pessoas que dizem a um amigo como ele é importante para elas têm 48% mais chance de estar "extremamente satisfeitas com as amizades" que possuem. Assim, mesmo que no início seja difícil, ter esse tipo de conversa é fundamental se você quiser construir relações mais sólidas.

Para facilitar as coisas, comece com um ente querido. Por exemplo, conte à sua mulher por que ela é tão importante na sua vida. Se seu casamento faz de você uma pessoa, um líder e um pai melhor, diga isso a ela. Leve-a para jantar e dedique toda a sua energia a descrever os Papéis Vitais que ela desempenha na sua vida. Se for uma Energizadora, mostre como a saída animada que deram na semana passada melhorou seu humor. Se for uma Instigadora, fale como ela influenciou ou modificou uma antiga opinião sua. Não deixe nenhum detalhe de fora. E ajude-a a entender como pode desempenhar o papel em questão de forma *ainda mais intensa*.

No mínimo, essa conversa vai colocar a outra pessoa para cima. Se você se dedicar a ela de coração, talvez acabe sendo um dos momentos mais poderosos e memoráveis do seu relacionamento. Em seguida faça o mesmo com outro amigo muito íntimo. Seu nível de conforto vai aumentar à medida que tiver mais interações desse tipo com seus amigos e colegas. Se tiver dificuldade de "abrir o coração" com uma determinada pessoa, tente outra variação: "abra sua mente". Em vez de ir direto às contribuições emocionais desse amigo, comece com os fatos. Concentre-se nas coisas que ele faz para alavancar suas conquistas. Se ele desempenhar o papel de Incentivador e mantiver você seguindo em frente todos os dias, diga-lhe isso. Descreva uma situação em que ele o motivou a alcançar o sucesso. E faça questão de lhe dizer que ele pode continuar agindo desse modo nos próximos meses, anos e assim por diante.

Independentemente de essas conversas com amigos vitais acontecerem na sua casa, no trabalho, num clube ou restaurante, não deixe que elas sejam ocasiões únicas. Pesquisas revelaram que dar continuidade ao diálogo é essencial para gerar um crescimento real. Esforce-se para ter pelo menos uma conversa de coração ou mente abertos por mês.

Combine esses encontros como se estivesse marcando uma consulta médica – talvez eles sejam igualmente importantes para a sua saúde. Depois que tiver feito isso com a maioria dos seus amigos vitais, revise a lista, sempre atento às contribuições de cada pessoa para a sua vida. Confie em mim, ninguém vai enjoar de ouvir o que você tem a dizer desde que as palavras sejam exclusivas e sinceras. Depois de um tempo, seus amigos e parentes irão procurá-lo para conversar sobre os papéis que você *desempenha* na vida deles.

apêndice B

UM ESTUDO DE CASO: LÍDERES PODEM SERVIR DE EXEMPLO?

Construir relações mais sólidas no ambiente de trabalho é um desafio formidável para qualquer organização. Em média, *apenas 17%* dos funcionários acham que a diretoria da empresa em que trabalham incentiva amizades.

Para estudar as raízes desse problema, decidi observar com mais atenção a indústria automobilística, em parte por conta do seu histórico de mau relacionamento com os operários do chão de fábrica. Nos primórdios da indústria, o próprio Henry Ford chegou ao ponto de contratar espiões violentos para controlar os trabalhadores da linha de frente. Ford também tinha um exército particular, com metralhadoras e gás lacrimogêneo, para intimidar funcionários e evitar que eles se sindicalizassem. Isso gerou um ambiente no qual era quase impossível ter relacionamentos positivos.

Quando conversei com o ex-presidente da Chrysler, Thomas Stallkamp, ele explicou a evolução dessa cultura revanchista. Descreveu como muitos desses problemas tiveram origem na "velha teoria do comando e controle" e nas "enormes dificuldades com os sindicatos". Ele detalhou como as relações hostis quebraram as fábricas de pneus, a indústria do aço e várias outras indústrias no século XX. Em cada um desses casos, a administração e os sindicatos "acreditavam que tinham que lidar um com outro de uma maneira antagônica e combativa". De acordo com Stallkamp, isso por sua vez afetou o relacionamento entre os funcionários e a forma como os clientes eram tratados.

Todas as pessoas com quem falei nas tradicionais montadoras Ford, General Motors e Chrysler, conhecidas como as Três Grandes, descreveram uma mentalidade "nós contra eles". Existem regras não escritas que dizem que gerentes devem ser amigos apenas de gerentes e empregados horistas apenas de empregados horistas. E não deve haver meio-termo. De acordo com Mike, que trabalhou em uma linha de montagem da Ford por mais de 40 anos, esse "sistema de classes" era extremamente parecido com o militar. Mike descreveu como a tensão entre a administração e os trabalhadores do sindicato acarretou a produção de automóveis que "não tinham a qualidade que as pessoas desejavam". Em vez de se orgulhar de produzir carros e caminhões de alto padrão, muitos dos funcionários da linha de montagem estavam completamente descomprometidos com o serviço, enquanto alguns tentavam sabotar o empregador que tanto odiavam.

Solange De Santis, uma veterana repórter de negócios que entrevistei, trabalhou disfarçada na linha de montagem da General Motors por 18 meses. Em seu livro *Life on the Line* (A vida na linha de montagem), ela descreveu a "divisão semimilitar entre os colarinhos-brancos e os operários do chão de fábrica". Para diferenciá-los, até a cor dos uniformes era diferente: branco para os da administração, azul para os da linha de frente. De Santis era constantemente lembrada do seu status inferior. Ela relatou como os funcionários administrativos passavam o dia em baias com ar-condicionado, confortáveis e frescas, enquanto os horistas ficavam enfiados em "fornos". Além de serem tratados como animais, esses empregados eram obrigados a parar seus carros em um estacionamento separado, bem distante do prédio, e seus pagamentos não podiam ser depositados direto em conta como os dos trabalhadores assalariados.

Mesmo depois de suportar essas condições por meses, De

Santis teve o cuidado de não culpar apenas a administração, a empresa ou os sindicatos. Quando a gerência oferecia alguma pequena concessão, como café de graça, os colegas horistas de De Santis tomavam duas ou três vezes mais café do que queriam de fato, apenas para dar o troco.

É importante frisar que esse não era um mundo completamente desprovido de amizades. Durante minhas entrevistas com trabalhadores da indústria automobilística, descobri relações próximas, especialmente entre os horistas do baixo escalão. Infelizmente, quando perguntei aos trabalhadores sobre o que eles conversavam, percebi que eram mais "companheiros de reclamação" do que amigos. As conversas deles baseavam-se quase exclusivamente em queixas sobre o empregador – amizades claramente não produtivas.

No fim das contas, a divisão entre trabalhadores do sindicato e gerentes era tão intensa que levou à violência brutal e acabou contribuindo para um dos maiores fracassos econômicos da História. Essa divisão também criou uma guerra fria mortal – não contra outras montadoras, mas entre os trabalhadores e a administração.

Uma abordagem diferente

Em total contraste com as condições preponderantes nas unidades da Ford, da General Motors e da Chrysler, a montadora japonesa Toyota adotou uma abordagem diferente na segunda metade do século XX. Desde o começo, um dos principais "Preceitos da Toyota" foi o trabalho em equipe, e a empresa incentivou um ambiente aberto com colaboração constante entre as linhas de frente e a diretoria. Nas Três Grandes, esperava-se que os operários obedecessem às ordens e fizessem o mínimo de perguntas. No Japão, os trabalhadores da linha de montagem da Toyota eram incentivados a ser criativos e a desafiar o status quo.

Será que essa abordagem poderia ajudar a Toyota a competir com as Três Grandes? Com certeza seria uma batalha dura. De acordo com um informante da indústria, a vantagem global da General Motors sobre a Toyota no fim da década de 1980 era "comparável a um time de futebol com um placar de 9 a 0 no final do primeiro tempo". Isso não desanimou a Toyota. A montadora japonesa foi capaz de ampliar sua principal filosofia ao entrar em franca competição com as Três Grandes, construindo unidades de produção nos Estados Unidos. Quando a Toyota inaugurou sua primeira unidade própria de produção em Georgetown, Kentucky, o homem que mais tarde se tornaria o CEO da empresa andava todos os dias pela extensa linha de montagem e passava horas conhecendo seus funcionários. Essa abordagem era um símbolo da cultura excepcional da Toyota – e a empresa estava prestes a tirar grandes dividendos disso.

A valorização do funcionário da Toyota era a antítese do que acontecia na General Motors. Nas unidades da Toyota, o alto escalão usava o mesmo uniforme que os funcionários da linha de frente – ninguém tinha o privilégio de vestir camisas de cor diferente, como acontecia na GM. Havia quatro níveis de liderança interna nas fábricas da Toyota, em oposição aos 15 níveis de hierarquia nas unidades das Três Grandes. No sistema da Toyota, cada funcionário possuía um líder de equipe que tinha uma função muito clara: fazer o trabalho *por meio de* ou *com* cada funcionário. Esses líderes não eram capatazes; a tarefa deles era ajudar os demais a aprender e crescer. Executivos, gerentes e funcionários estavam sempre fomentando relacionamentos dentro da organização.

De acordo com Mike Morrison, executivo da Toyota, a empresa espera que cada trabalhador da linha de frente seja capaz de "moldar e criar seu próprio trabalho". Os funcionários têm poder para fazer o que for necessário para inovar e aumentar a velocidade de produção – e essa autonomia cria uma sensação de propriedade e orgulho em toda a organização. Os primeiros indícios sugerem que a abordagem da Toyota está funcionando.

Quase 20 anos depois de começar a produzir carros nos Estados Unidos, a Toyota ainda não tem uma só unidade de produção sindicalizada, uma façanha quase impossível, considerando-se o poder dos sindicatos da indústria automobilística e o crescimento sem precedentes da empresa. Sindicatos geralmente são criados por conta de relacionamentos ruins, o que explica por que eles continuam sendo úteis na General Motors – porém, são desnecessários na Toyota. A diferença entre um ambiente sindicalizado e outro não sindicalizado também afeta o bolso dos compradores. No livro *The End of Detroit* (O fim de Detroit), Michcline Maynard estima que os contratos com o Sindicato dos Trabalhadores da Indústria Automobilística custam às Três Grandes a soma de US$ 1.200 por carro vendido, enquanto a Toyota não tem esse tipo de custo.

É importante frisar que o foco da Toyota na produção de carros confiáveis e de qualidade também não tem paralelo. Os japoneses descobriram como produzir mais carros a um custo menor e em menos tempo do que as montadoras baseadas nos EUA. Sem dúvida, as alardeadas melhorias no processo, na qualidade e na engenharia têm sido o principal catalisador do sucesso da Toyota. Ainda assim, as pessoas subestimam a contribuição do ambiente aberto e colaborativo do grupo japonês para o aumento da qualidade e a subseqüente "virada vitoriosa". Em 2005, o valor total da Toyota *era mais de cinco vezes superior ao valor empresarial* da General Motors ou da Ford.

Potencial inexplorado

A diretoria da Toyota foi capaz de criar um ambiente que possibilitava a amizade, porém, como muitas outras companhias, ela não encorajava diretamente a aproximação *entre* os funcionários.

Fomentar relacionamentos no emprego pode não parecer algo que deveria fazer parte da missão de uma empresa ou de um líder, mas talvez devesse.

Várias empresas que contam com os serviços do Gallup foram capazes de aumentar drasticamente o número de amizades dentro da organização e também de fortalecê-las. O resultado costuma ser funcionários e clientes mais engajados – além de lucros. As evidências sugerem que um maior número de grandes amigos no trabalho pode gerar mais criatividade e inovação em toda a organização.

apêndice C

PESQUISA DO INSTITUTO GALLUP SOBRE AMIZADES

Salvo indicação em contrário, todas as pesquisas conduzidas pelo Instituto Gallup mencionadas neste livro vêm de duas fontes primárias. A primeira é a renomada Enquete Gallup, o veículo que nossa organização utiliza há mais de sete décadas para sondar opiniões em todo o mundo. A segunda é o banco de dados sobre dedicação ao trabalho, que se expande rapidamente e por meio do qual perguntamos a milhões de pessoas como elas se sentem em relação aos seus ambientes profissionais. É importante notar que essas duas fontes representam públicos muito diferentes. Os estudos sobre dedicação ao trabalho foram conduzidos a pedido de clientes que contrataram o Instituto Gallup para avaliar opiniões regularmente. Na maioria das vezes incluem um censo de empregados em um determinado ramo ou organização. Em contraste, os dados coletados através da Enquete Gallup baseiam-se em uma amostragem aleatória de qualquer pessoa que tenha 18 anos ou mais dentro da população estudada. Apresentamos abaixo uma descrição mais detalhada dessas duas principais fontes de informação sobre amizades.

A Enquete Gallup

Em março de 2005, conduzimos uma enquete na qual fizemos várias perguntas sobre amizade, satisfação com a vida, saúde e ambiente de trabalho. Entrevistamos 1.009 pessoas nesse estudo em particular e então comparamos os dados obtidos em diferentes questões para investigar a relação entre duas ou mais variáveis. Fazíamos, por exemplo, a seguinte pergunta no início do questionário: "No geral, quão satisfeito você está com a sua vida?" Mais adiante, pedíamos que as pessoas indicassem seu nível de concordância com a afirmação: "Meu grupo de trabalho é como uma família." Os entrevistados classificaram ambos os itens em uma escala de 1 a 5 do tipo Likert. Depois de coletar todos os dados, procuramos relações significativas entre os itens.

Para uma explicação detalhada sobre como as Enquetes Gallup são conduzidas, acesse a seção FAQs no endereço http://www.galluppoll.com.

Banco de dados sobre dedicação ao trabalho do Instituto Gallup (Q^{12})

No fim do século XX, cientistas do Gallup perceberam que estávamos fazendo perguntas demais nos levantamentos com funcionários. Além disso, fazer perguntas diferentes em cada empresa e indústria não estava sendo muito útil em termos de comparação. Conseqüentemente, esquadrinhamos nossos bancos de dados em busca de indicativos mais sólidos de dedicação ao trabalho. Isso resultou no sistema de avaliação Q^{12}, que desde então tem sido aplicado a milhões de funcionários em todo o mundo. Para o nosso estudo sobre amizades, foram especialmente úteis os dados acumulados na questão 10: "Eu tenho um grande amigo no trabalho."

Descrição do banco de dados

Analisamos dados de 2002, 2003 e 2004 que incluem:

- 4,51 milhões de entrevistados
- 423 mil grupos de trabalho
- 332 clientes
- 37 línguas
- 112 países

Esses dados representam 12 grandes setores da economia:

- Serviços de hospedagem e alimentação
- Serviços educacionais
- Finanças e seguros
- Saúde e assistência social
- Informação
- Setor industrial
- Serviços profissionais, científicos e técnicos
- Administração pública
- Comércio varejista
- Setor de serviços
- Setor de serviços que não incluem a área de saúde
- Serviços públicos

A metanálise

A metanálise é uma integração estatística de dados acumulados em vários estudos diferentes. Como tal, oferece informações especialmente sólidas, pois impede erros de avaliação e amostragem e outras idiossincrasias que distorcem os resultados de estudos individuais. A metanálise elimina a polarização e oferece uma estimativa de validade real ou relação real entre duas ou mais variáveis. As estatísticas tipicamente calculadas durante a metanálise também permitem ao pesquisador explorar a presença, ou a ausência, de moderadores de relações.

Mais de mil metanálises foram conduzidas nas áreas de psicologia, educação, comportamento, medicina e recursos humanos. A bibliografia das ciências comportamentais e sociais contém inúmeros estudos individuais que chegam a conclusões aparentemente conflitantes. Porém, a metanálise permite ao pesquisador estimar a relação média entre variáveis e corrigir fontes inexatas de variação nas descobertas desses estudos. Ela oferece aos pesquisadores um método que determina se as validades ou relações se generalizam em várias situações (como, por exemplo, em empresas ou localidades geográficas diferentes).

Descobertas específicas da questão do "grande amigo"

Descobrimos que pessoas com grandes amigos no trabalho possuem:

- melhores históricos de segurança;
- maiores índices de lealdade de clientes;
- equipes mais lucrativas.

O fato é que, quando as pessoas têm um grande amigo no trabalho, elas produzem mais. Pesquisando mais a fundo, descobrimos que os funcionários que disseram ter laços fortes de amizade no emprego, se comparados àqueles que não tinham, também possuíam:

- 43% mais chance de afirmar que receberam crédito e elogios nos últimos sete dias;
- 37% mais chance de afirmar que alguém no trabalho os incentiva a crescer;

- 27% mais chance de pensar que o serviço que fazem se alinha com a missão da empresa;
- 27% mais chance de achar que suas opiniões contam no trabalho;
- 21% mais chance de afirmar que têm a oportunidade de fazer o que fazem melhor todos os dias.

Infelizmente, dos milhões de pessoas em nosso banco de dados, apenas 3 em cada 10 concordam plenamente que possuem um grande amigo no emprego. Conseqüentemente, aqueles que não concordam plenamente com essa afirmação dedicam-se drasticamente menos: apenas 8% dessas pessoas estão comprometidas com seu trabalho. (Funcionários "comprometidos" são aqueles que estão presentes mental e fisicamente todos os dias e têm uma produtividade mais alta.)

O valor dos grandes amigos no trabalho

Entre todos os funcionários:

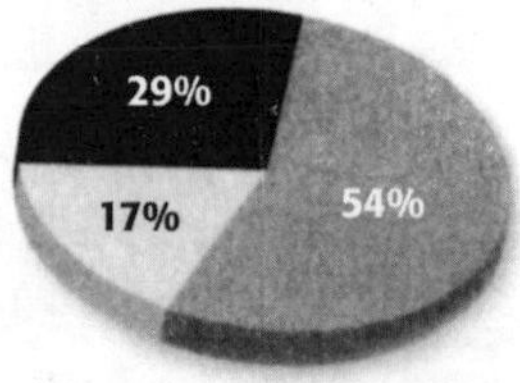

Entre funcionários com um grande amigo no trabalho:

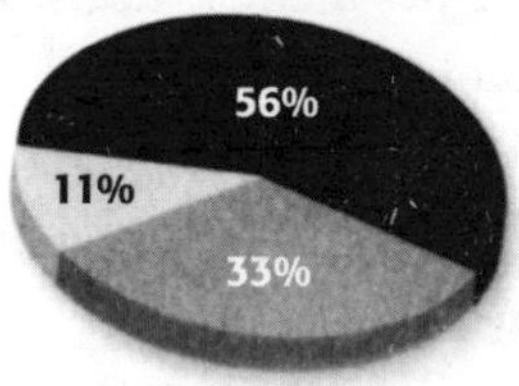

Entre funcionários sem um grande amigo no trabalho:

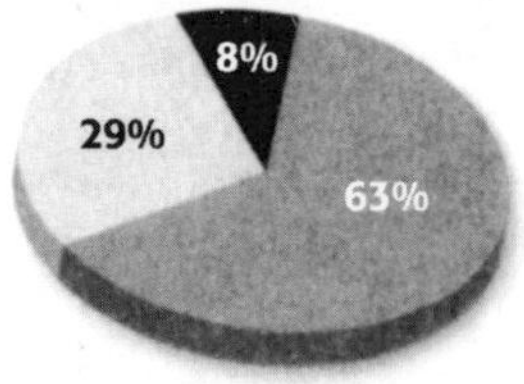

Comprometidos:
dispostos a trabalhar com paixão e criatividade

Descomprometidos:
fazendo o mínimo necessário

Totalmente descomprometidos:
sem dedicação, efetivamente prejudicando a produtividade

Se você não concordar plenamente que possui um grande amigo no emprego, a chance de se comprometer com seu trabalho é 1 em 12. Em absoluto contraste, entre aqueles que concordam plenamente que têm uma amizade sólida no ambiente profissional, 56% estão comprometidos e apenas 11% estão totalmente descomprometidos. No geral, os funcionários que concordam plenamente que possuem um grande amigo no trabalho têm sete vezes mais chance de se dedicarem ao serviço todos os dias.

Resumo

O item "grandes amigos" tem sido de longe a parte mais controvertida da nossa enquete. Sempre que nos preparamos para aplicá-lo em uma nova organização ou país, as pessoas se opõem a esse item e insistem que ele não vai funcionar. No entanto, depois de milhões de entrevistas, a pesquisa metanalítica em diversos grupos de empresas e países indica que ele prevê, de forma consistente, resultados decisivos nos negócios.

Referências

Harter, J. K., Schmidt, F. L. & Killham, E. A. *Employee engagement, satisfaction, and business-unit-level outcomes: A meta-analysis.* Omaha, NE: The Gallup Organization, julho de 2003.

NOTAS

O poder da amizade é o produto de diversas grandes mentes. Sem a ponte com o trabalho de vários cientistas e pensadores, este livro não existiria. Desde a inovadora pesquisa de Daniel Kahneman, psicólogo ganhador do Prêmio Nobel, até o relato magistral do jornalista Jon Meachman, muitos intelectuais de ponta influenciaram e moldaram este livro, e alguns são citados diretamente. Nesses casos, para facilitar, listamos abaixo o número da página e uma pequena frase correspondente a cada referência ao longo do texto.

Note que quaisquer estatísticas *não* mencionadas nesta seção vêm de pesquisas ou estudos do Instituto Gallup conduzidos especialmente para a publicação deste livro. Esta obra está profundamente vinculada a nossos próprios laboratórios de pesquisa. Se quiser mais informações sobre como esses dados foram coletados, consulte o apêndice C.

PARTE UM **AMIGOS NA VIDA**

capítulo 2 **A energia *entre* as pessoas**

22 *Durante esse tempo:* Meacham, J. *Franklin e Winston: A intimidade de uma amizade histórica.* Rio de Janeiro: Record, 2006.

capítulo 3 **Melhor do que Prozac?**

25 *Para começo de conversa, os cientistas descobriram que os amigos...* Kahneman, D., Krueger, A. B., Schkade, D. A., Schwarz, N. e Stone, A. A. "A survey method for characterizing daily life experience: The day reconstruction method". *Science*, 306, 3 de dezembro de 2004, pp. 1.776-1.780.

25 *Constataram que mesmo os engarrafamentos e as conduções lotadas no caminho de casa para o trabalho se tornam toleráveis:* Kahneman, D. "A day in the lives of 1.000 working women in Texas". Apresentado no Primeiro Simpósio Internacional de Psicologia Positiva, Washington, D.C., 2002.

25 *E talvez o mais importante:* Reis, H. T. e Gable, S. L. "Toward a positive psychology of relationships". *In*: Keyes, C. L. M. e Haidt, J. *Flourishing: Positive Psychology and the Life Well-lived*. Washington, D.C.: American Psychological Association, 2003, pp. 129-159.

25 *Durante a adolescência:* Larson, R., Zuzanek, J. e Mannell, R. "Being alone versus being with people: Disengagement in the daily experience of older adults". *Journal of Gerontology*, 1985, pp. 375-381.

26 *Os cientistas também estão revelando:* J. Sarah. "The motivational looking glass: How significant other implicitly affect goal appraisals". *Journal of Personality and Social Psychology*, *85*, 2003, pp. 148-164.

26 *Um estudo de 2003:* Fitzsimons, G. M. e Bargh, J. A. "Thinking of you: Nonconscious pursuit of interpersonal goals associated with relationship partners". *Journal of Personality and Social Pasychology*, *84*, 2003, pp. 148-164.

28 *Estudos têm demonstrado:* Uno, D., Uchino, B. N. e Smith, T. W. "Relationship quality moderates the effect of social support given by close friends on cardiovascular reactivity in women". *International Journal of Behavior Medicine, 9*, 2002, pp. 243-262.

28 *Em um estudo de 2001:* Brummett, B. H., Barefoot, J. C., Siegler, I. C. *et al.* "Characteristics of socially isolated patients with coronary artery disease who are at elevated risk for mortality". *Psychosomatic Medicine, 63*, 2001, pp. 267-272.

29 *A amizade tem um efeito profundo no nosso bem-estar físico:* Fisher, P. (ed.). *Age erasers for women: Actions you can take right now to look younger and feel great.* Nova York: St. Martin Press, 1994.

capítulo 4 **O fio de esperança no casamento**

30 *O economista britânico Nick Powdthavee:* M. Hitti. "Recipe for happiness in marriage". *WebMD Medical News*, 22 de março de 2005. Acessado em 23 de março de 2005 em http://my.webmd.com/content/Article/102/106708.htm

31 *Na verdade, um estudo de 2005:* Kiecolt-Glaser, J. K., Loving, T. J., Stowell, J. R. *et al.* "Hostile marital interactions, proinflammatory cytokine production, and wound healing". *Archives of General Psychiatry*, 62, pp. 1.377-1.384.

32 *De acordo com o professor Jan Kiecolt-Glaser:* "Bad Mariages: Unhealthy?". *myDNA News*, 9 de dezembro de 2005. Acessado

em 20 de janeiro de 2006 em http://www.mydna.com/resources/news/news_20051209_marriage_stress_healing.html

31 *Você provavelmente já viu esta alarmante estatística antes:* "Estatísticas de divórcio". *Americans for Divorce Reform.* Acessado em 19 de agosto de 2005 em http://www.divorcereform.org/rates.html

32 *De acordo com o dr. John Gottman:* Gottman, J. M. e Silver, N. *Sete princípios para o casamento dar certo.* Rio de Janeiro: Objetiva, 2000.

capítulo 6 **É possível encontrar o equilíbrio entre trabalho e vida pessoal?**

39 *A idéia do equilíbrio é uma ilusão!:* Hammonds, K. H. "Balance is Bunk!". *Fast Company, 87.* Outubro de 2004, pp. 68-76.

40 *Um estudo recente revelou:* Judge, T. A. e Ilies, R. "Affect and job satisfaction: A study of their relationship at work and at home". *Journal of Applied Psychology, 89*, 2004, pp. 661-673.

40 *As fronteiras entre trabalho e família:* Keen, C. "Employees bring bad moods home, but they disappear by morning", 2 de dezembro de 2004. Acessado em 20 de fevereiro de 2006 no site University of Florida News: http://news.ufl.edu/2004/12/02/jobmoods/

PARTE DOIS **AMIGOS NO TRABALHO**

capítulo 7 **A fronteira dos três amigos**

48 *Novos estudos sugerem:* Markiewicks, D., Devine, I. e Kausilas, D. "Friendships of women and men at work: Job satisfaction and resource implications". *Journal of Managerial Psychology, 15*, 2000, pp. 161-184.

52 *De acordo com uma pesquisa:* Riordan, C. M. e Griffeth, R. W. "The opportunity for friendship in the workplace: An underexplored construct". *Journal of Business and Psychology, 10*, 1995, pp. 141-154.

capítulo 8 **Você pode ser amigo do seu chefe?**

54 *Os gerentes aprendem nas escolas de administração:* London, S. "Drucker managed to do it first". *Financial Times* [edição eletrônica], 15 de novembro de 2004.

54 *Se comparado ao tempo que passamos com nossos parentes:* Kahneman, D., Krueger, A. B., Schkade, D. A., Schwarz, N. e Stone, A. A. "A survey method for characterizing daily life experience: The day reconstruction method". *Science, 306*, 3 de dezembro de 2004, pp. 1.776-1.780.

57 *A questão é:* Kahneman, D., Krueger, A. B., Schkade, D. A., Schwarz, N. e Stone, A. A. "A survey method for characterizing daily life experience: The day reconstruction method". *Science, 306*, 3 de dezembro de 2004, pp. 1.776-1.780.

capítulo 9 **Comprometendo-se com o trabalho**

58 *As empresas estão começando a descobrir:* Jones, D. "Best friends good for business". *USA Today* [edição eletrônica], 1º de dezembro de 2004.

58 *Em uma entrevista recente para um jornal:* Jones, D. "Best friends good for business". *USA Today* [edição eletrônica], 1º de dezembro de 2004.

PARTE QUATRO **CONSTRUINDO AMIZADES VITAIS NO TRABALHO**

capítulo 13 **O efeito cafezinho**

113 *Eles sabiam que seria necessário um design:* "Best Buy corporate". *Perkins+Will.* Acessado em 19 de agosto de 2005 em http://www.perkinswill.com/projects/project.aspx?id=68d

Reflexões finais

122 *Um estudo de 2001:* "Isolated heart patients have twice the risk of dying, present challenges to health care workers". *DukeMed News*, 13 de abril de 2004. Acessado em 19 de agosto de 2005 em http://www.emaxhealth.com/39/176.html

APÊNDICES E REFERÊNCIAS

apêndice A **Suas perguntas**

130 *Um deles revelou que a proximidade não gera afeto:* Ebbsen, E. B., Kjos, G. L. e Konecni, V. J. "Spatial ecology: Its effects on the choice of friends and enemies". *Journal of Experimental Social Psychology, 12*, 1976, pp. 505-518.

apêndice B **Um estudo de caso: Líderes podem servir de exemplo?**

135 *Ford também tinha um exército particular:* Fast Company Staff. "Bosses from hell". *Fast Company, 96* [edição eletrônica], julho de 2005, p. 47.

136 *Em seu livro* Life on the Line: De Santis, S. *Life on the Line: One woman's tale of work, sweat and survival.* Nova York: Doubleday, 1999.

138 *Quando a Toyota inaugurou sua primeira unidade própria de produção em Georgetown:* Maynard, M. *The End of Detroit: How the big three lost their grip on the American car market.* Nova York: Doubleday, 2003.

LEITURA RECOMENDADA

Anderson, C., Keltner, D. e John, O. P. "Emotional convergence between people overtime". *Journal of Psychological and Social Psychology, 84*, 2003, pp. 1.054-1.068.

Blanchflower, D. G. e. Oswald, A. J. "Well-being over time in Britain and the USA". *National Bureau of Economic Research.* Working Paper 7487, 2000.

Elkman, P. *Emotions revealed: Recognizing faces and feelings to improve communication and emotional life.* Nova York: Times Books, 2003.

Larson, R. W. e Bradney, N. "Precious moments with family members and friends". *In*: Milardo, R. M. (ed.). *Families and social networks.* Newbury Park, CA: Sage Publications, pp. 107-126.

Pennebaker, J. W. *Abra o seu coração: O poder da cura através da expressão das emoções.* São Paulo: Gente, 2006.

SOBRE O AUTOR

Tom Rath é co-autor de *Seu balde está cheio?*, que ocupou o primeiro lugar na lista do *New York Times* e da *Business Week*. Com uma tiragem de mais de 500 mil exemplares no primeiro ano de publicação, o livro ficou 15 meses nas listas de mais vendidos dos Estados Unidos. Traduzido para mais de 10 idiomas, *Seu balde está cheio?*, publicado no Brasil pela Editora Sextante, tornou-se um best-seller internacional.

Há 12 anos no Instituto Gallup, Rath comanda atualmente a divisão de Pesquisa no Ambiente de Trabalho e Consultoria de Liderança. É também membro da diretoria da VHL.org, uma organização dedicada à pesquisa do câncer e ao amparo a pacientes.

Bacharel em psicologia pela Universidade de Michigan, atualmente faz pós-graduação na Universidade Johns Hopkins e na Universidade da Pennsylvania. Mora em Washington, D.C.

CONHEÇA OUTRO TÍTULO DO AUTOR

Seu balde está cheio?

Tom Rath e Donald O. Clifton

Todos nós possuímos um balde invisível que se enche ou se esvazia o tempo inteiro, dependendo do que os outros nos dizem ou fazem. Quando o nosso balde está cheio, nos sentimos ótimos. Quando está vazio, ficamos péssimos.

Acontece que todo mundo possui também uma concha invisível. Sempre que nós a usamos para encher os baldes dos outros, dizendo ou fazendo algo que reforce as suas emoções positivas, acabamos enchendo também o nosso próprio balde.

Por outro lado, toda vez que utilizamos essa concha para esvaziar o balde de alguém, enfraquecendo as suas emoções positivas, também acabamos esvaziando nosso balde.

Com essa simples metáfora e com base em 50 anos de pesquisas sobre o poder transformador das atitudes positivas, este livro mostra que a maneira como tratamos os outros tem influência direta em nossa felicidade, produtividade, saúde e longevidade.

Seu balde está cheio? é um livro fundamental para quem quer melhorar seus relacionamentos e levar uma vida saudável. Seguindo as estratégias apresentadas, podemos transformar nossas relações no trabalho, na família e com todos com quem convivemos.

CONHEÇA OS 50 CLÁSSICOS DA SEXTANTE

Espiritualidade/Inspiração

Muitas vidas, muitos mestres, de Brian Weiss
Muitas vidas, uma só alma, de Brian Weiss
Jesus, o maior psicólogo que já existiu, de Mark W. Baker
Conversando com os espíritos, de James Van Praagh
A última grande lição, de Mitch Albom
Uma ética para o novo milênio, de Sua Santidade, o Dalai-Lama
A arte da meditação, de Daniel Goleman
O Mestre dos Mestres (Coleção Análise da Inteligência de Cristo), de Augusto Cury
Espiritualidade, um caminho de transformação, de Leonardo Boff
Autobiografia de um iogue, de Paramahansa Yogananda
O Poder do Agora, de Eckhart Tolle

Negócios

O monge e o executivo, de James C. Hunter
Como se tornar um líder servidor, de James C. Hunter
Jesus, o maior líder que já existiu, de Laurie Beth Jones
Faça o que tem de ser feito, de Bob Nelson
Seu balde está cheio?, de Tom Rath e Donald O. Clifton
A hora da verdade, de Jan Carlzon
A Boa Sorte, de Álex Rovira Celma e Fernando Trías de Bes
Você é mais capaz do que pensa, de John G. Miller
Seis fundamentos do sucesso profissional, de Stuart R. Levine

Ficção

O Código Da Vinci, de Dan Brown
Ponto de Impacto, de Dan Brown
Anjos e Demônios, de Dan Brown
Fortaleza Digital, de Dan Brown
As cinco pessoas que você encontra no céu, de Mitch Albom

LIVROS DE BOLSO

Você é insubstituível, de Augusto Cury
Dez leis para ser feliz, de Augusto Cury
Seja líder de si mesmo, de Augusto Cury
Palavras de sabedoria, de Sua Santidade, o Dalai-Lama
A vida é bela, de Dominique Glocheux
Filtro solar, de Mary Schmich
Posso conseguir o que desejo, de Iyanla Vanzant
Quem acredita sempre alcança, de Peter McWilliams

AUTO-AJUDA

O método fácil de parar de fumar, de Allen Carr
Por que os homens fazem sexo e as mulheres fazem amor?, de Allan e Barbara Pease
Desvendando os segredos da linguagem corporal, de Allan e Barbara Pease
Por que os homens mentem e as mulheres choram?, de Allan e Barbara Pease
O poder que vem do seu nome, de Aparecida Liberato e Beto Junqueyra
Nunca desista de seus sonhos, de Augusto Cury
Pais brilhantes, professores fascinantes, de Augusto Cury
100 segredos das pessoas felizes, de David Niven
100 segredos dos bons relacionamentos, de David Niven
Não leve a vida tão a sério, de Hugh Prather
Mantenha o seu cérebro vivo, de Laurence Katz e Manning Rubin
Enquanto o amor não vem, de Iyanla Vanzant
A Dieta do Abdômen, de David Zinczenko e Ted Spiker
A Dieta de South Beach, de Arthur Agatston
O poder da paciência, de M. J. Ryan

REFERÊNCIA

1.000 lugares para conhecer antes de morrer, de Patricia Schultz
O ócio criativo, de Domenico De Masi

INFORMAÇÕES SOBRE OS PRÓXIMOS LANÇAMENTOS

Para receber informações sobre os lançamentos da Editora Sextante, basta enviar um e-mail para
atendimento@esextante.com.br
ou cadastrar-se diretamente no site
www.sextante.com.br

Para saber mais sobre nossos títulos e autores, e enviar seus comentários sobre este livro, visite o nosso site:
www.sextante.com.br

Editora Sextante
Rua Voluntários da Pátria, 45 / 1.404 – Botafogo
Rio de Janeiro – RJ – 22270-000 – Brasil
Telefone: (21) 2286-9944 – Fax: (21) 2286-9244
E-mail: atendimento@esextante.com.br